辽宁大学亚澳商学院高质量发展系列丛书

科 学 研 究 系 列

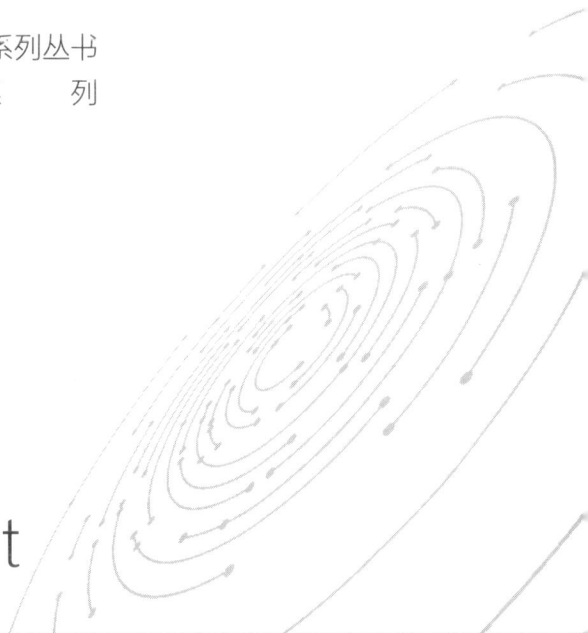

Governance Model Innovation
and Comparative Study of
Digital Government

数字政府治理模式
创新与比较研究

关钰桥 ◎著

中国财经出版传媒集团

经济科学出版社
Economic Science Press

·北京·

前　　言

　　数字政府作为一种数字技术驱动的新型组织模式，备受各界关注。数字政府建设是贯彻落实国家"网络强国""数字中国"战略的必然要求，是全面数字化发展的基础性工程。我国高度重视数字政府建设，密集出台了一系列政策战略，主要涉及数字基建升级、政务服务、数据共享等方面。如制定省市级"十四五"数字政府发展规划、成立大数据局等，全方位多举措进行治理模式创新，助推政府数字化转型，就此，全国各地方纷纷开展数字政府治理工作。

　　然而，在快速发展的同时，也存在一定的问题，例如数字政府发展水平不均衡；数字化服务水平仍需提升；数字治理理念认知不够，公众数字化参与不够；治理模式创新仍需探索与完善等。这些是值得学术界和实践者思考的。

　　目前，数字政府治理理论研究仍处于初级阶段，尚未形成完整的治理体系研究框架；治理模式研究，亟须国内多省市比较或中外经验借鉴的"多案例比较研究"。基于此，本书将聚焦数字政府治理，拟采用文献分析法、调查研究法、案例研究等研究方法，兼顾理论基础性研究和应用实践。本书主要包含三个研究内容："数字政府治理基础性理论研究"、"我国数字政府建设现状分析与典型国家模式比较"和"地方数字政府治理模式创新与比较研究"。本书的研究从数字政府基础性理论研究出发，构建数字政府治理理论体系与数字政府建设评价体系；通过剖析我国数字政府现状，借鉴国内外治理模式与政策，为我国数字政府建设、治理能力提升提供指导。本书的研究结论不仅完善了数字政府相关基础性理论研究，

1

还丰富了价值共创理论在数字政府领域的应用，以及解决数字政府发展中存在的实际问题，具备一定的理论价值与创新性。

关钰桥

2024 年 2 月

目 录 CONTENTS

第一章　绪论 ……………………………………………………… 1

　　第一节　研究背景 ………………………………………………… 1

　　第二节　研究意义与创新点 ……………………………………… 4

　　第三节　研究思路与方法 ………………………………………… 6

第二章　数字政府理论基础与文献综述 ……………………… 14

　　第一节　数字政府的研究现状 …………………………………… 14

　　第二节　技术赋能与数字政府 …………………………………… 23

　　第三节　相关治理理论应用 ……………………………………… 25

　　第四节　公共价值、价值共创与数字政府 …………………… 30

第三章　数字政府研究演进、框架与前沿中外比较 ……… 35

　　第一节　研究问题的提出 ………………………………………… 35

　　第二节　研究设计与数据来源 …………………………………… 36

　　第三节　数字政府领域中外文文献分析 ……………………… 38

　　第四节　研究热点演进与聚类分析 …………………………… 47

　　第五节　本章小结 ………………………………………………… 57

第四章　我国数字政府发展现状与典型国家模式比较 …… 58

　　第一节　数字政府建设的评价体系 …………………………… 58

　　第二节　我国数字政府建设现状分析与演进历程 ………… 62

　　第三节　典型国家数字政府建设经验比较 …………………… 71

第五章 地方数字政府治理模式创新与经验比较 ……… 98

第一节 省域横向比较分析 ……………………… 98

第二节 典型省份数字政府治理经验比较 ………… 112

第三节 加快辽宁数字政府建设的对策建议 ……… 144

第六章 结论与建议 ……………………………… 151

第一节 研究结论 ………………………………… 151

第二节 加快我国数字政府建设的对策建议 ……… 152

第三节 研究局限与未来展望 …………………… 160

附录 ……………………………………………… 162

主要参考文献 …………………………………… 184

第一章
绪　　论

第一节　研究背景

一、现实背景

大数据、区块链、人工智能等新兴技术深刻影响社会经济生活以及国家治理。数字政府作为一种数字技术驱动的新型组织模式，备受各界关注。美国、英国、日本、欧盟等国家和地区高度重视数字政府建设，先后将其列为国家和地区层面的发展战略（详见附表1），而我国也不例外。党的十九届四中全会作出推进"数字政府建设"的决策部署；"十四五"规划中的"数字中国"战略也明确提出"加快建设数字政府"；2022年4月19日，习近平总书记主持召开中央全面深化改革委员会第二十五次会议强调指出："要全面贯彻网络强国战略，把数字技术广泛应用于政府管理服务，推动政府数字化、智能化运行，为推进国家治理体系和治理能力现代化提供有力支撑。"① 随后，我国于2022年6月23日正式颁布《国务院关于加强数字政府建设指导的意见》提出构建数字政府建设的"五大体系"；2023年2月，中共中央、国务院印发《数字中国建设整体布局规划》，指出："全面提升数字中国建设的整体性、系统性、协同性，促

---

① 加强数字政府建设 推进省以下财政体制改革［N］.人民日报，2022 - 04 - 20（001）.

进数字经济和实体经济深度融合，以数字化驱动生产生活和治理方式变革，为以中国式现代化全面推进中华民族伟大复兴注入强大动力。"在过去几年中，我国密集出台了一系列政策战略与制度立法，以加快数字政府建设，主要涉及数字基建升级、政务服务、数据共享等方面。就此，全国各地方纷纷开展数字政府治理工作，出台了省市级"十四五"数字政府发展规划，成立大数据局等，多举措进行治理模式创新，助推政府数字化转型。例如浙江建设"一体化数字资源系统"（Integrated Resources System，IRS）；广东建立首席数据官制度；山东打造"无证明城市"；贵州"七朵云"工程等。

我国数字政府建设始见成效。据《2022 联合国电子政务调查报告》显示，我国电子政务发展指数（EDGI）从 2020 年的 0.7948 提高到 2022 年的 0.8119，5 年内世界排名从第六十五位提升到第四十三位，取得历史新高，达到电子政务高速发展的水平。其中，作为衡量国家电子政务发展水平核心指标的在线服务指数上升 0.8876，排名从第六十二位上升到第十五位，近两年稳定在世界第一梯队，这与我国不断深化"放管服"改革和大力推动全国一体化政务服务平台、"新基建"基础设施建设的决心与行动密不可分；据第五十次《中国互联网络发展状况统计报告》显示，截至 2022 年 6 月，我国网民规模为 10.51 亿，互联网普及率达 74.4%，较 2021 年 12 月提升 1.4 个百分点，农村地区互联网普及率为 58.8%；据中央党校颁布的《省级政府和重点城市一体化政务服务能力评估报告（2022）》显示，截至 2021 年底，全国一体化政务服务平台实名用户超过 10 亿人，其中，国家政务服务平台注册用户超过 5 亿人，总使用量超过 620 亿次。

然而，在快速发展的同时，我国数字政府发展进程中也存在一定的问题：例如国内数字政府发展水平不均衡；大部分省市数字化基础设施建设尚不完善，与广东、北京等第一梯队相比亟须升级；数字化服务水平仍需提升，网上政务服务能力"短板"亟须补齐；产业侧、社会侧"倒逼"数字化改革能力薄弱，缺少头部数字企业及新业态新模式助力，治理模式创新仍需探索与完善；数字治理理念认知不够，企业、公众数字化参与意识不强；"自下而上""互联互通"的政府服务监管体系和回流机制仍需进一步打通，"协同困境"较为严重；数据共享开放"落地难"，仍存在"数据孤岛"和数据安全隐患等。基于此，数字政府治理是什么？数字政府建设评价指标有哪些？与数字政府建设先进国家相比，我国数字政府发展水平如何？浙江、广东等"领头羊"省市，如何在数字政府建设中起到"引领示范"作用？我国不同区域数字政府治理的差异化路径有哪些？等等问题亟须解决，值得学术界和实践者思考。

二、理论背景

数字政府研究正百花齐放、方兴未艾，受到经济学、管理学、公共管理、政治学、法学等各界学者关注研究已从多个角度展开，例如政府治理目标（Gil‒Garcia et al.，2018）、社会形态演变（戴长征和鲍静，2017）、政策演变（刘学涛，2022；黄璜，2021）、府际关系（邓崧等，2021）、公共价值（韩啸和汤志伟，2021；张丽和陈宇，2021；王学军和陈友倩，2021；Twizeyimana and Andersson，2019）等。目前研究多侧重于内涵界定、特征要素、发展历程等基础理论性研究（黄璜，2020；孟天广，2021；Malodia S et al.，2021；孟庆国等，2022）。数据驱动和数字治理是数字政府治理的核心（孟天广，2021），也是数字政府的基本特征（王益民，2020；江小涓，2020；王孟嘉，2021）。也有学者将数字政府概念化为一个多维结构，并提出总体概念框架（Malodia et al.，2021；刘密霞和朱锐勋，2019；王伟玲，2019）。

数字政府治理模式创新与对策研究。多集中于传统科层制比较研究（江文路和张小劲，2021），或广东、浙江等典型省份的单案例研究（陈子韬等，2022；吴磊，2020），多案例比较研究较少，例如政务服务（彭小兵和彭洋，2023）或顶层设计比较（蒋敏娟，2021；王伟玲，2019）。同时，国内学者关注国外数字政府实践与经验借鉴（辛璐璐，2021；杨巧云等，2021），聚焦于数字政府建设先进国家的单案例研究，例如美国（姚水琼和齐胤植，2019）、英国（林梦瑶等，2019）、日本（杨达和林丽，2021）、新加坡（胡税根和杨竞楠，2019）等。

数字政府治理机制研究。目前仍处于治理研究体系构建的初级阶段，多侧重于相关治理理论应用研究，例如元治理（Jessop，2013；何植民和蔡静，2022）、整体性治理（陈彪和贺芒，2021；翟云，2019）、协同治理（胡重明，2020）、数字治理（王晨，2022；沈费伟和诸靖文，2021）、元宇宙治理（刘成，2023；孟庆国等，2022；周维栋，2022）等。在前置影响因素方面，聚焦于数字技术/数据赋能（孟国庆等，2022；孟天广，2021；Tangi et al.，2021）。孟天广（2021）强调"技术赋能"与"技术赋权"双重机制驱动；阙天舒和吕俊延（2021）提出"渗透—传导—生成"机制等；在治理绩效或提升路径方面，外国学者聚焦于"政务服务评估"（Weerakkody et al.，2019；Veeramootoo et al.，2018）和"政府治理绩效"（Pérez-Morote et al.，2020）。国内有学者将公共价值作为一个新的视角研究数字政府价值创造的驱动因素与作用机制、治理绩效评估与提升路径等（韩啸和汤志伟，2021；王学军和陈友倩，2021；Twizeyimana and Andersson，2019）。

综上所述，现有研究多集中于理论梳理与典型案例实践研究，有关数字政府治理机制的研究还较为缺乏，尤其是对数字政府发展水平整体性的评价与监管。纵观我国数字政府的理论研究与实践探索，存在理论滞后性与实践前导性并存的现象。

第二节　研究意义与创新点

一、研究意义

（一）学术价值

数字政府作为一种数字技术驱动的新型组织模式，研究其内在机理与治理模式具有重要的理论价值。

一是丰富完善数字政府相关基础性理论研究。聚焦中外数字政府研究进展比较分析，不断丰富协同治理、数字治理、元宇宙治理等理论在数字政府领域的创新与应用。通过构建系统全面的数字政府治理理论体系框架，为组织战略等相关领域学者提供研究参考。

二是丰富了价值共创理论，在数字政府领域的应用。虽然，以往价值共创的研究多集中于企业视角，但政府作为一种复杂的组织模式，其价值创造研究也是有必要的。本书引用价值共创理论，辨析"价值共创、公共价值与数字政府治理"的关系，进一步增强数字政府治理的解释力，从而揭开政府数字化转型的"黑箱"，具有一定的理论价值与创新性。

三是构建整体性、系统化的数字政府治理机制。本书整理并构建数字政府评价体系，在此基础上聚焦"中外治理模式对比""省域横向比较"，旨在探寻不同区域数字政府治理的差异化发展路径，为全国加快政府数字化转型，增强政府数字化治理能力，推动政府治理体系和治理能力现代化再上新台阶，促进政务服务的业务重组与流程再造奠定理论基础。

（二）现实意义

"数字政府"建设是深入贯彻落实国家"网络强国""数字中国"战略的必然要求。数字政府是全面数字化发展的基础性工程，在促进数字经济、建设数字社会、完善数字生态中起到关键的引领作用。大力加强"数字政府"建设，持续优化营商环境，促进经济高质量发展。

本书在构建数字政府治理理论框架和数字政府评价体系的基础上，通过治理模式创新与比较研究，聚焦"中外差异"对我国数字政府建设的现状深入分析，借鉴先进省市经验模式，为我国数字政府建设在政务服务能力、治理模式创新、数字基础支撑等方面提出对策和建议，旨在提升全民数字治理理念，加快推动企业公众数字化参与，打造"以人民群众为中心"的服务型政府等方面提供指导。

此外，探寻我国数字政府治理的差异化发展路径，在健全完善数字经济治理体系，增强政府数字化治理能力，完善多元共治新格局，推动政府治理体系和治理能力现代化再上新台阶，促进政务服务的业务重组与流程再造等方面，具有十分必要的现实意义。

二、拟创新点

本书的创新之处有以下三点：

一是完善并构建数字政府治理理论体系框架。虽然数字政府的内涵、基本特征等基础性理论研究较为丰富，但缺少整体系统的研究。聚焦中外数字政府研究进展比较分析，不断丰富协同治理、数字治理、元宇宙治理等理论在数字政府领域的创新与应用。此外，本书提出以价值共创作为一个新的视角，研究数字政府治理，具有一定的创新性。

二是以整体的视角诠释数字政府治理，兼顾理论基础性研究和应用实践。本书并非局限于某个典型省市案例，而是覆盖"宏观—中观—微观"的系统性研究，即从数字政府"治理框架—评价体系构建—实践进程比较分析—对策建议"的这一整体系统性研究。数字政府治理是一个复杂、多元的社会生态系统，亟须整体、系统的数字政府建设的评价体系，以增强政府数字化治理能力的监管。相关研究较为缺乏，指标体系呈现单一、碎片化特点，例如网上政务服务能力评价、营商环境指标体系等。

三是在于对数字政府理论与实践深入分析，聚焦"中外比较""横向比较"研究，充分挖掘我国数字政府建设的问题与优势。通过"治理模式创新与比较"多案例比较研究，探寻"典型国家"和"先进省市"经验是否可以真实解决我国现阶段存在的"数据开放共享落地难、数字基建亟须提升、政务服务水平短板"等问题，并为实践提供理论指导。为我国数字政府建设既提出"全局性"的对策建议；又对"辽宁振兴""东北振兴"提出"针对性""区域性"的对策建议。

第三节　研究思路与方法

一、研究内容

（一）研究对象

本书的研究对象为多元主体参与的数字政府治理，即负责数字政府相关政策、战略制定的政府主管部门，在其建设过程中服务或参与数字企业、行业协会、高校科研机构以及社会公众等。

（二）研究目标

本书从数字政府基础性理论研究出发，完善建设数字政府治理理论体系与数字政府建设评价体系；通过剖析国内外数字政府治理经验与模式比较，为我国未来数字政府建设提供有益借鉴，从而寻求我国数字政府治理的差异化提升路径。

目标一：从数字政府基础性理论研究出发，聚焦中外数字政府研究进展比较分析，通过梳理协同治理、数字治理等理论应用，构建系统全面的数字政府治理理论体系框架。

目标二：梳理并构建数字政府建设评价体系，以剖析我国数字政府建设进程的优势与困境，为我国未来数字政府建设实践提供指导。

目标三：通过借鉴国外制度创新与国内先进省市治理经验，探寻我国不同区域数字政府治理的差异化提升路径。

（三）研究问题

根据以上三个研究目标，本书将解决以下三个研究问题：

研究一：数字政府治理基础性理论研究。

研究主要分为两个部分：

一是完善数字政府治理理论体系。数字政府治理是一个复杂、多元的社会生态系统，亟须整体、系统的理论体系框架。厘清数字政府治理的内涵和外延，是深化数字政府治理认识的前提。本书将进一步梳理完善数字政府治理基本特征以及数字赋能、元治理、整体性治理、协同治理、数字治理、元宇宙治理等相关理论应用，完善数字政府治理理论体系，为后续研究和实践奠定理论基础。

二是中外数字政府研究综述比较（数字政府研究演进、框架与前沿中外比较）。目前有关数字政府的研究不少，多集中于政府数字化转型的应用研究，缺少对数字政府治理的定义、基本特征及分类等全面系统的基础性理论研究。目前，基于文献计量分析的数字政府研究较少，缺少核心期刊收录发表；与其相关研究呈现碎片化的特点，例如"大数据下的公共治理变革"（马海韵和袁园，2022）、"治理能力现代化"（刘凯强，2022）、"政府治理"（何水和郑晓莹，2020）、数字治理（王洛忠等，2018）等。

因此，本书将聚焦中外数字政府研究进展比较分析，拟运用 CiteSpace 文献可视化分析软件，从中国知网（CNKI）和 Web of Science（WOS）数据库中选取近 20 年该领域核心期刊论文，对国内外数字政府研究领域的知识来源、发展规律、热点研究、学科趋势等方面进行对比分析并形成科学知识图谱，更加系统、全面、直观地展示出研究现状。

研究二：我国数字政府建设发展现状分析。

研究主要分为两个部分：

一是数字政府建设评价体系构建。本书将整理并分析比较国内外有关数字政府建设的相关评估指数，例如联合国电子政务发展指数（EDGI）、早稻田大学国际数字政府评估指标体系等，中央党校（国家行政学院）公布的网上政务服务能力体系；清华大学公共管理学院的《2022 年中国政府网站绩效评估报告》；以及腾讯研究院、赛迪评估等国内研究机构颁布的权威评估报告。同时梳理相关学术研究，例如赵金旭、赵娟和孟天广（2022）基于 OPCE 理论框架；张丽和陈宇（2021）基于公共价值；杨鹏飞等（2021）基于网络安全等视角构建数字政府评价体系。在此基础上，构建本研究数字政府建设评价体系。

二是我国数字政府建设发展现状与典型国家经验比较。虽然我国数字政府建设成效显著，但与丹麦、韩国、美国等数字政府建设先进国家仍有一定差距。据《2022 年第 17 次早稻田大学国际数字政府排名》显示，中国以 66.2139 分升至第四十四位，与 2021 年（49 名）相比上升 5 名，丹麦（93.8018）、新加坡（91.629）、美国（91.0463）。已有学者对外国数字政府实践进行研究，并为我国数字政府建设提出经验借鉴（杨达和林丽，2021；林梦瑶等，2019；辛璐璐，2021；姚水琼和齐胤植，2019）。然而，目前研究多集中于单案例研究，覆盖多个国家的多案例比较研究较少，尤其是缺少"中外"比较研究。基于此，本书将通过梳理总结国内外相关政策战略，并进行多案例比较分析，为我国数字政府建设中的政策制定与实践应用提供有效的借鉴依据。

研究三：地方数字政府治理模式创新与比较。

虽然"政府主导 + 多主体协同"的数字化协同治理模式初步确立

（王孟嘉，2021；吴磊，2020；刘淑春，2018），治理模式创新仍需探索与完善。现阶段仍存在一些现实问题亟须解决，例如各地方数字政府发展不平衡，广东、浙江等数字资源丰富的先进省份，其治理模式是否广泛适用。然而，目前研究多集中于与传统科层制比较（江文路和张小劲，2021），或广东、浙江等典型省份模式探索的单案例研究（吴磊，2020；刘淑春，2018），缺少多案例比较分析。数字政府建设是一个可持续、动态的过程。一些内陆不发达（贵州"七朵云"）或曾处数字政府建设中下游省份（山东的"无证明城市"）通过治理模式创新取得了新进展。

　　基于此，本书采用多案例比较分析方法，拟选取浙江、广东、贵州、山东、辽宁等代表性省份为例，就制度创新、数据治理创新、治理模式创新、数字营商环境优化等多维度进行对比分析，为我国地方数字政府建设提供借鉴参考。

　　本书的研究内容流程框架如图1-1所示。

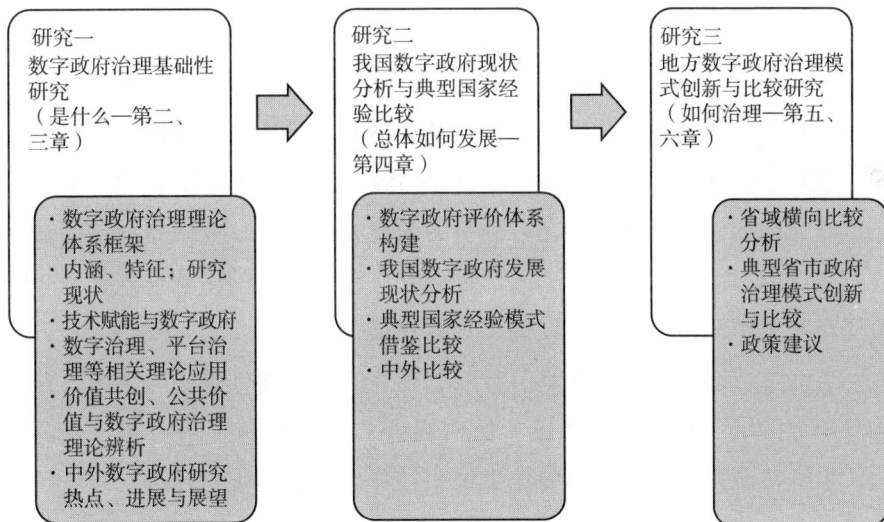

图1-1　研究内容流程框架

　　为了更加系统地对研究问题进行分析和解释，实现预期的研究目标，本书共分为六个章节。

第一章绪论。本章节主要阐述了选题的研究背景（现实背景和理论背景）、意义与创新点、研究内容、思路以及方法。通过数字政府研究的现实和理论背景分析，引出本书的三个研究问题，并根据问题提出研究意义和可能的创新点，最后确定本书的研究内容结构、技术路线和与之契合的研究方法。

第二章数字政府理论基础与文献综述。本章内容围绕本书所涉及的数字政府相关的理论基础进行系统性梳理和论述。具体包括：数字政府研究现状、技术赋能与数字政府、相关治理理论应用以及"价值共创、公共价值与数字政府"的归纳与辨析。

第三章数字政府研究演进、框架与前沿中外比较。主要完成研究问题一的任务，运用 CiteSpace 文献可视化分析软件，从知网（CNKI）和 WOS 数据库中选取近 20 年该领域核心期刊论文，将聚焦中外数字政府研究进展比较分析。

第四章我国数字政府发展现状与典型国家模式比较。主要完成研究问题二的任务，并为研究问题三奠定基础。本章从整理和构建数字政府建设评价体系开始，论述我国数字政府建设的意义与现状；并根据多种评价体系同国际典型国家数字政府建设特点和发展阶段进行比较分析。

第五章地方数字政府治理模式创新与经验比较。本章主要为了完成第三个研究问题，采用多案例比较分析的研究方法，从"我国省域层面数字政府建设的横向比较分析——六个数字政府典型城市的治理模式比较——为辽宁乃至中国数字政府建设提出对策建议"。

第六章结论与建议。本章节对以上章节的内容进行概述与总结，并在此基础上围绕"数字政府建设"所构建的"五大体系"出对策建议。最后，本章对研究仍存在的局限作出说明，并提出未来研究方向。

二、研究方法

本书的采取多样化的研究方法，拟采用调查研究法、案例研究、比较研究和归纳总结法等，文献分析时也将使用文献可视化方法，使用 CiteSpace 软件。多种方法从探索到验证，层层推进，这也是本书在研究方法上的一个特色。

（一）调查研究法——实地调研

通过实地调研，可以更准确全面地了解我国数字政府现状，能够对研究内容形成更准确的认识。基于此，本书设计与数字政府治理相关的较为全面的调研问题，拟赴北京、上海、深圳、辽宁等多地进行实地调研。研究将采用半结构访谈、圆桌讨论等形式与领军数字企业高管、政策制定与监管的政府相关部门领导、数字技术专家与学者等进行较为深入的交流与探讨。通过实地调研能够发现很多前期难以发现的问题，对数字政府治理更具有针对性和操作性。

（二）案例研究法

案例研究法是一种常用的社会学实证研究方法，它主要解释"是什么"和"怎样做"的问题（Yin，2005），可以深化一般理论在特定情境中的应用。案例研究法是一种常用的社会学实证研究方法。在研究三"数字政府治理模式创新与比较研究"中，采用多案例比较分析方法，拟选取浙江（"一次都不用跑"）、贵州（"七朵云"）、广东（首席数据官制度）、山东（"无证明城市"）、辽宁（"编好数字政府'三张网'"）等代表性省份为研究案例，就制度创新、数据治理、治理模式创新、数字营商环境优化等多维度进行对比分析，为我国地方数字政府建设提供借鉴参考。

分析方法上采用迈尔斯和休伯曼（Miles and Huberman，1994）的归纳式分析法，遵循焦亚等（Gioia et al.，2013）的逐级编码形式，编码的概念定义沿用施特劳斯和柯尔宾（Strauss and Corbin，2007）的开放编码、轴心编码和选择性编码。研究以艾森哈特（Eisenhardt，2007）的模式匹配为案例分析思路，采用多数据来源的三角验证以确保研究的信度和效度（Yin，2004），主要途径为一手数据二手数据相结合：

一手数据是本书研究的辅助信息来源：一是半结构化访谈。分别通过面对面访谈、微信语音等形式，对研究对象进行 20～30 分钟的半结构式采访，访谈过程全程录音并进行详细记录。在访谈后 24 小时内将访谈录音整理形成文本存档。二是实地调研。亲自调研后形成报告。

二手数据作为本书研究的主要信息来源：一是政府、企业、研究院等官方网站。二是媒体报道，主要包括政府政策、行业数据等有较充足公开访谈影音文字资料。三是相关书籍和文献，例如知网数据库上的学术及商业期刊文献。

（三）文献计量分析法

文献计量分析法是通过对学者已经发表的文献进行统计分析，从而识别某一学科或研究领域的演进趋势及发展动态的方法。本书拟运用CiteSpace 文献可视化分析，对国内外数字政府研究热点进行了系统全面的分析，通过"科学知识图谱"展示出数字政府领域的研究现状，揭示了数字政府研究论文的规律，为相关领域学者提供研究参考。同时，运用内容分析法，归纳总结出国内外有关数字政府的政策战略和法律法规，进行系统分析和对比研究，定量分析与定性分析相结合，使研究更加客观全面。

研究数据主要来源：中外文献数据分别来源于中国知网（CNKI）数据和 WOS 核心合集数据库。为保证文献质量，选取中外文献核心期刊即南京大学中文社会科学引文索引（CSSCI）和 SSCI（Social Sciences Citation Index）期刊，设定目标关键词为"数字政府""电子政务""政府数字化改革""网上政务服务"（"e-government""egovernment""electronic government""digital government""government digital transformation"），检索任意目标关键词在篇名、关键词、摘要出现的文献，并手动剔除会议记录、征稿启事、政策颁布与解读、专栏导语以及与主题不符的论文等后得到有效文献。

三、技术路线

本书从数字政府治理基础性理论研究出发，按照理论研究到应用研究的逻辑顺序，由浅入深、逐层递进，覆盖"微观—中观—宏观"的系统性研究，采取了多样化的研究方法。基于研究思路和主要研究内容，现将本书的技术路线（见图 1-2）展示如下。

路线与研究内容　　　　　　　　　　　　　方法与措施

研究一：数字政府治理
基础性理论研究

数字政府内涵与特征

数字政府研究演进、框架
与前沿中外比较

整体性治理
协同治理
数字治理
元宇宙治理
等相关理论

文献分析
理论演绎
CiteSpace
比较研究

价值共创理论
公共价值理论

数字政府治理理论体系框架

研究二：我国数字政府建设发展
现状分析与典型国家模式比较

中外战略比较
与经验借鉴

我国数字政府建设的现状分析
（发展优势、主要进展及存在
问题）

数字政府
建设评价
体系构建

文献分析
实地调查
比较研究
案例研究

研究三：地方数字政府治理模式
创新与比较研究

地方数字政府治理模式创新与比较的
多案例比较分析

案例研究
比较研究
应用研究

省域层级横向比较分析

地方数字政府治理模式创新与比较
（浙、粤、辽、鲁、赣……）

数字政府建设的对策建议

应用研究
管理建议

结论、局限及未来展望

逐层递进又相互联系

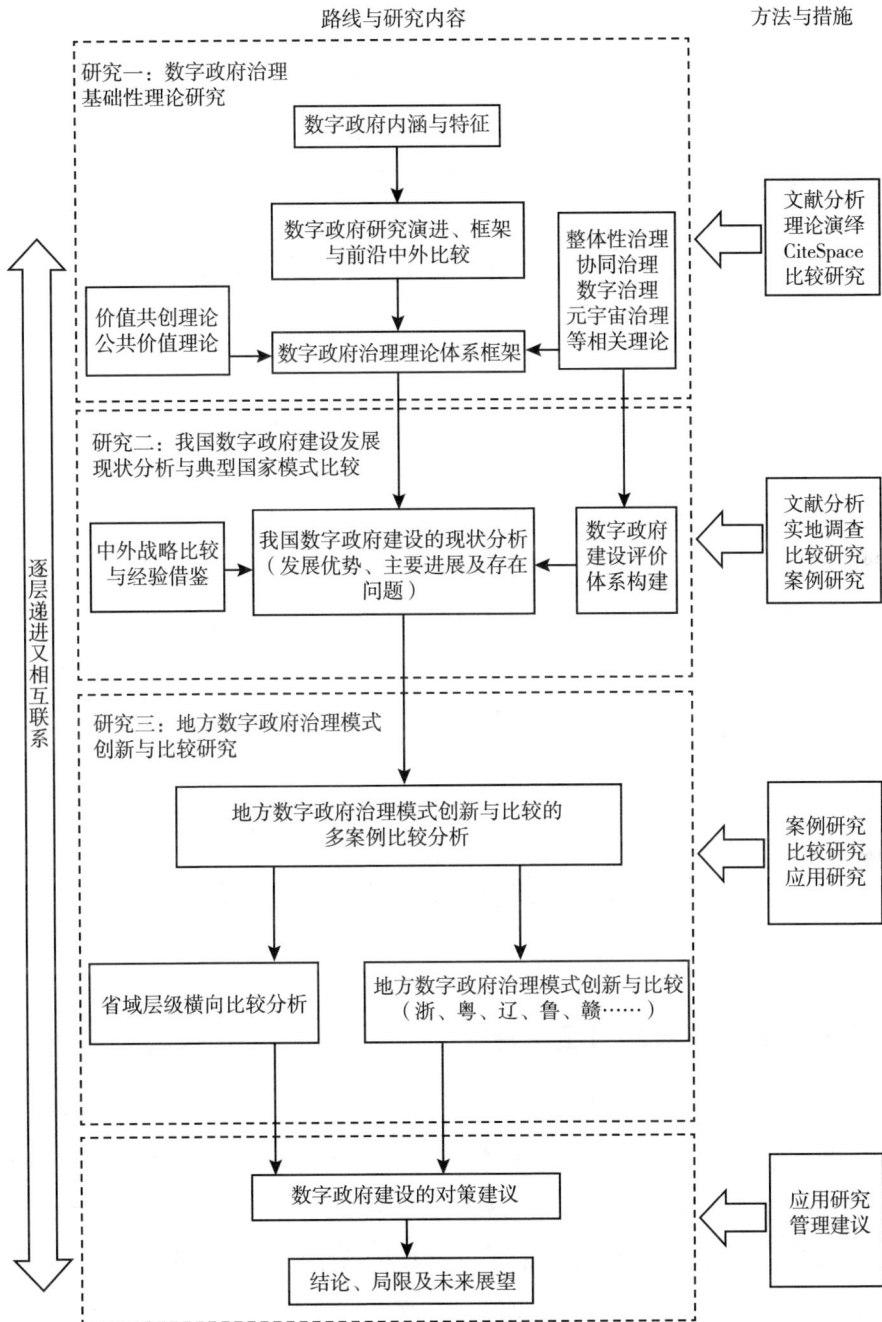

图1-2　技术路线

————————— 第二章 —————————

数字政府理论基础与文献综述

大数据、区块链、人工智能等新兴技术深刻影响社会经济生活与国家治理。数字政府作为一种数字技术驱动的新型政府运行模式，备受各界学者关注。党的十九届四中全会明确提出"推进国家治理体系和治理能力现代化"的总体要求和深化改革总目标。据"十四五"规划"加快数字化发展，建设数字中国"提出"加快建设数字政府，提高数字政府建设水平"。数字政府是"数字中国"体系的重要组成部分，也是加快数字化发展战略的重要任务，更是推进国家治理体系和治理能力现代化的重要内容。

第一节　数字政府的研究现状

一、数字政府的内涵与特征

（一）数字政府的内涵

数字政府是以大数据、物联网、云计算、区块链、人工智能等新一代信息通信技术（ICT）为基础（Malodia S et al.，2021；王伟玲，2019），通过关联网络与现实，激活政府、社会和市场参与公共治理活力；通过改革政府组织结构、优化政府行政流程、改善政府服务供给，实现政府决策科学化、社会治理精准化、公共服务有效化（Malodia et al.，2021）；通过全局性、系统性、根本性、全方位变革政府施政理念、方式、手段、工具以及模式（王伟玲，2019），推动形成有效促进经济社会高质量发展的一种新型政府形态（王孟嘉，2021；江小涓，2020）。

就数字政府的内涵界定，学者从多种视角进行解释，并论述建设数字政府的重要意义（吴磊，2020；周文彰，2020；王钦敏，2020），例如政府治理目标（黄璜，2020；周文彰，2020）、社会形态演变（王谦和曾瑞雪，2020；戴长征和鲍静，2017）、工具视角（Katsonis and Botros，2015）、数据赋能（孟天广，2021；沈费伟和诸靖文，2021；刘密霞和朱锐勋，2019）等（见表2－1）。例如一些学者聚焦辨析数字政府与"治理体系和治理能力现代化"的关系（周文彰，2020；王钦敏，2020）认为"治理体系和治理能力现代化"建设的重要前提是对数字政府治理的原则、框架和要素进行优化建设（鲍静和贾开，2019）。孟庆国等（2020）强调数字政府建设中政府大数据管理机构是数据治理体制的核心部门，对国家数据治理体系的有效运行起到至关重要的作用。

表2－1   数字政府定义整理

理论视角	定义	来源
数字政府形态与组织模式转变	数字政府是数字时代背景下运用大数据、云计算、物联网、人工智能等新一代信息技术所构建的一种政府运行方式与政府形态	王啸宇和王宏禹（2018）
	数字政府是政府借助新一代信息通信技术，以推动公共服务、社会治理、政府决策实现精准化、科学化为目标，通过连接现实社会与网络社会，进一步重组、再造、优化政府组织架构、行政流程、服务供给，进行全局性、系统性、根本性的施政理念、方式、手段、工具等方面的变革，促进经济社会运行全面数字化，而建立的一种新型政府形态	王伟玲（2019）
	数字政府建设从G2G、G2B到G2C，不断从认识到实践、再从实践回到认识，在建设和应用的反复迭代中不断发展，最终在传统实体政府基础上构建起越来越精细和量化的数字形态的政府	孟天广（2021）
	数字政府不是简单通过将传统政府移植到线上就能实现，而是需要在全面提升政府职能的基础上，加强部门间的协同，彻底地重塑行政的作业单元	叶战备、王璐和田昊（2018）

理论视角	定义	来源
社会形态演变	以信息交换为中心的信息社会决定着数字协商的治理模式,这种数字政府治理更加强调数据融通和以人民为中心的"智慧服务",而且政府在面对日趋"网络化"和"数据化"的过程中,通过数字化的思维、理念、战略、资源、工具和规则等治理信息提供优质政府服务、增强公众服务满意度	王谦和曾瑞雪(2020)
政府治理目标	数字政府依靠技术助力政府提高获取、传递、分享信息的能力,实现更大规模的数据流动,推动更多知识的应用	黄璜(2020)、周文彰(2020)
公共管理	数字政府是公共部门通过利用信息和通信技术进行公共服务方式创新、改善公共服务信息和服务供给以及鼓励公民参与决策并增进公民满意度的过程	吉尔·加西亚等(Gil – Garcia et al. ,2018)
	数字政府治理是利用信息系统解决政府和政策的碎片化问题,精准、灵活地提供公共物品以回应公众需求,降低政府与社会间的信息流动成本,促进信息公开的一种治理理念与治理方式	于君博(2018)
工具视角	数字政府可以灵活地支持跨部门合作,建立统一的服务渠道,支持移动办公,以及基于安全的数据开放和基于数据驱动的决策等;其本质上是政府治理范式和架构适应数字时代社会的需要,完成创新改造策略,而不是简单的数字技术水平的提升和数字化应用的成果	卡索尼斯和波特罗斯(Katsonis and Botros,2015)

资料来源:笔者根据相关文献整理所得。

也有学者为探究数字政府理论的发展,将数字政府概念化为一个多维结构,并提出总体概念框架(Malodia et al. ,2021;刘密霞和朱锐勋,2019;刘淑春,2018)。例如刘淑春(2018)认为数字政府是"治理理念创新＋数字技术创新＋政务流程创新＋体制机制创新"协同推进的全方位变革。梅洛迪亚等(Malodia et al. ,2021)为探究数字政府理论的发展,采用基础理论与案例研究的三角分析,将数字政府概念化为一个多维结构,并提出一个总体的概念框架——具有社会包容性、超集成的信息和通信技术平台,采用进化系统架构构建,以确保有效地提供具有透明度、可靠性和问责性的政府服务。

数字政府与电子政务。已有学者从多视角探讨"数字政府"与"电子政务"的关系（黄璜，2020；刘学涛，2022），认为电子政务、电子政府、数字政府是一个体系性发展过程（刘学涛，2022）。即电子政务是电子政府建设的基础过程，而电子政府是电子政务所追求的基础目标结果，数字政府意指政府的数字化转型，对数字经济、数字社会的发展起着牵引性、带动性作用，保障数字经济、数字社会持续安全发展。本书认为"数字政府"是随着数字技术发展赋能"电子政务"新内涵，不会进一步辨析二者区别。

此外，清华大学数据治理研究中心出版的《中国数字政府发展研究报告（2021）》提出，数字政府是通过技术赋能政府和技术赋能社会两种机制共同作用而构建的新兴治理体系，蕴含着新兴科技驱动的政府及社会组织机构变革、制度政策体系重塑、治理能力提升和治理效能优化等内涵。在全国各省份中对数字政府的定义存在一定差异，如广东省在《广东省"数字政府"建设总体规划（2018－2020年）实施方案》中指出"数字政府"是对传统政务信息化模式的改革，包括对政务信息化管理架构、业务架构、技术架构的重塑。所谓"传统政务信息化模式"即过去的电子政务建设模式，而改革则涉及管理、业务和技术三个层面，是"政务信息化建设体制改革"；浙江将数字化视为政府及其治理本身改革的契机和条件，在其《浙江省深化"最多跑一次"改革推进政府数字化转型工作总体方案》中提出："政府数字化转型是政府主动适应数字化时代背景，对施政理念、方式、流程、手段、工具等进行全局性、系统性、根本性重塑，通过数据共享促进业务协同，提升政府治理体系和治理能力现代化的过程。"

（二）数字政府发展历程

厘清电子政务到数字政府建设的基本发展脉络是研究数字政府理论研究的基础（黄璜，2020）。近年来，学术界从不同视角对我国数字政府发展历程进行划分。经过文献梳理，主要代表性划分阶段有：

一些学者聚焦我国数字政府改革实践（孟天广等，2021），从政策演变视角进行划分，聚焦于改革开放以来，从政府信息化阶段开始。例如黄璜（2021）从政策演变视角将我国数字政府发展分为："政府信息化"阶段（20世纪70年代后期至2002年）、"电子政务"阶段（2002~2017年）和"数字政府"阶段（2018年至今）。刘学涛（2022）提出，电子政府阶段（20世纪70年代后期至2002年）、网络政府阶段（2002年至2014年）、数字政府阶段（2018年至今）；祁志伟（2022）将其分为四个阶段，即政府信息化筹备（1978~1992年）与普及阶段（1993~1998年）、电子政务建设阶段（1999~2016年）以及数字政府建设阶段（2017年至今）。

也有学者从公共管理的学术研究视角，对中外数字政府文进行梳理，将数字政府发展进程进行归纳。梅洛迪亚等（Malodia et al.，2021）通过梳理数字政府文献，将其进程分为5个阶段：信息交流阶段、交易自动化阶段、功能一体化阶段、技术采用阶段以及功能感知阶段。最初，数字政府作为一种传播和交流信息的媒介，前两个阶段都聚焦于技术问题——第一阶段的重点是采用现代信息和通信技术以促进信息交流（Pérez-Morote et al.，2020），第二阶段的重点是数字政府作为一种技术功能，以自动化管理行政任务（Wirtz and Daiser，2018）；第三阶段的研究重点是将技术作为公共行政改革的媒介，以及提高政府服务性和共享信息便利性的工具（Doty and Erdelez，2002），在第四和第五阶段，数字政府聚焦技术使用与公民感知与服务质量的问题（Weerakkody et al.，2019）。斯科拉等（Scholta et al.，2019）为扩展数字政府的阶段模式，通过案例分析发现数字政府应以惯有方式向市民实时提供服务和信息。

中国信息通信研究院发布的《数字政府发展趋势与建设路径研究报告（2022年）》从国家层面出台的重大政策、重大举措将我国政府信息化大致划分为三个时期：政府信息化起步期（1993~2002年）、电子政务时期（2002~2019年）和数字政府时期（2019年至今）。孟天广等（2021）通过梳理政策文件，根据不同阶段的发文数量、政策目标、内容主题等要素将数字政府改革实践划分为初步兴起（2011~2016年）、快速发展（2016~2018年）与全国推广（2018年至今）这三个阶段。孟庆国、严妍和赵国栋（2022）在《政务元宇宙》一书中提出数字政府建设和发展划分为四个阶段：电子化政务阶段、网络化政务阶段、数字化政务阶段和智能化政务阶段，并正进一步拓展到第五个阶段，即元宇宙政务阶段。韩兆柱和赵洁（2022）从公共管理学术研究视角将其分为概念引介（2001～2010年）、理论溯源（2010～2017年）和深化发展（2018年至今）三个阶段，且现在正处于数字政府深化发展阶段。

（三）数字政府的特征

数据驱动和数字治理是数字政府治理的核心，也是数字政府的基本特征（江小涓，2020；孟天广，2021；黄璜，2020；王孟嘉，2021）。孟天广（2021）认为数字政府的核心特征是全社会的数据互通、数字化的全面协同与跨部门的流程再造，进而形成"用数据说话、用数据决策、用数据管理、用数据创新"的治理体系；主要包含三个要素：面向数据的治理（对数据的治理）、运用数字技术进行治理（引入新兴治理技术）和治理场域的拓展（数字空间的治理）。沈费伟、诸靖文强调数据赋能的数字政府的作用，认为数字政府治理应具备基础设施云化、全触点数字化、业务在线化、数据运营化的治理特点。

王益民（2020）提出了数字政府应具备四个显著特征：政府即平台、创新公共价值、用户驱动的服务设计和数据治理与协同；构建数据驱动的数字政府需要这五个方面（刘密霞和朱锐勋，2019），包括数字政府的核心（开放与参与）、数字政府的基础（治理与协同）、数字政府的价值（服务与创新）、数字政府的关键（决策与支撑）和数字政府的实现（能力与评价）。梅洛迪亚等（Malodia et al.，2021）认为将数字政府应具备社会包容性、超集成的信息和通信技术平台。

宁琪和谭家超（2023）认为我国数字政府建设具备发展阶段性、地方性等特征，即在电子政务阶段，体现互联网信息技术运用，实现行政办公电子化；在数字政府阶段，注重政府治理与数字化深度融合，实现政府治理方式变革和治理能力提升；呈现以顶层设计为统领、以机构改革为突破口、以数字技术运用为核心的基本特征，同时又具备因地制宜或因势利导的特征。

与传统政府治理相比，数字政府其组织结构由"科层制"逐渐成为

"扁平化",工作方式由"手工化"逐渐成为"信息化""智能化";从"封闭、单一、垂直"的部门治理,趋向为"开放、协同、网络化"的运行模式,参与主体由单一的政府主导逐渐成为由"政府—社会—市场"共同参与的协同治理,从而实现泛在可及、智慧便捷、公平普惠的政务服务。

黄璜(2020)分别从核心目标、顶层设计、政策议题、技术基础等方面指出数字政府转变的特征:核心目标将从政府职能转变向治理现代化升级;顶层设计将从流程范式向数据范式转变,包括思维方式的变化与系统组织模式的变化;政策议题将从"用数据治理"向"对数据治理"扩展;业务架构将从分散化模式向平台化模式转变;技术基础将从信息化向智能化升级。

宁琪和谭家超(2023)从表现形式和内在要素两个角度对数字政府特点进行总结,其表现形式应具备注重系统谋划、整体协同和数字运用的特点;从内在要素来看,数字政府建设的关键是通过技术与制度创新的双轮驱动,强化数据赋能,最终使政府服务与治理能力得到质的提升。

二、数字政府研究现状

数字政府的研究正百花齐放、方兴未艾,受到经济学、管理学、公共管理、政治学、法学等各界学者关注。研究已从多个角度展开,例如政府治理目标(Gil - Garcia et al.,2018)、社会形态演变(戴长征和鲍静,2017)、府际关系(邓崧,巴松竹玛和李晓昀,2021)、公共价值(韩啸和汤志伟,2021;张丽和陈宇,2021;王学军和陈友倩,2021;Twizeyimana and Andersson,2019)等。目前研究多侧重于内涵界定、特征要素等基础理论性研究(黄璜,2020;孟天广,2021),以及相关治理理论与数字政府治理的关系研究,例如协同治理(胡重明,2020)、数字治理(沈费伟和诸靖文,2021)、元治理(Jessop,2013)等。

数字政府治理模式创新与对策研究。多集中于传统科层制比较研究(江文路和张小劲,2021),或上海、广东、浙江等典型省份的单案例研究(陈子韬等,2022;吴磊,2020;刘淑春,2018),多案例比较研究较

少，例如政务服务（彭小兵和彭洋，2023；翟云，2019）或顶层设计比
较的初级阶段（蒋敏娟，2021）。例如吴磊（2020）通过"理念—模式—
技术"三个分析维度，构建出数字时代广东省数字政府建设创新实践体系
框架；王伟玲（2019）对数字政府顶层设计理念进行了深入研究，并基
于对国内外实践经验研判分析，提出了相应的对策建议。同时，国内学者
关注国外数字政府实践与经验借鉴（辛璐璐，2021；杨巧云等，2021），
聚焦于数字政府建设先进国家的单案例研究，例如美国（姚水琼和齐胤
植，2019）、英国（林梦瑶等，2019）、日本（杨达和林丽，2021）、新加
坡（胡税根和杨竞楠，2019）等。

就数字政府建设路径与对策方面，聚焦于数字技术/数据赋能与数字
政府关系的理论研究（沈费伟和诸靖文，2021），实证研究较少。王伟玲
（2019）对数字政府顶层设计理念进行了深入研究，并基于对国内外实践
经验研判分析，提出了相应的对策建议；刘淑春（2018）认为数字政府
是"治理理念创新+数字技术创新+政务流程创新+体制机制创新"协
同推进的全方位变革；孟天广（2021）认为"技术赋能"和"技术赋权"
双重机制推进数字政府建设；综观我国数字政府的理论研究与实践探索，
存在理论滞后性与实践前导性并存的现象。

在数字政府治理前置影响因素方面，聚焦于数字技术/数据赋能（孟
国庆等，2022；孟天广，2021；戴长征和鲍静，2017）。政府实现数字化
治理转型的关键是发挥数字赋能的效用，是数字技术嵌入政府科层制以推
进治理结构再造、业务流程重塑和服务方式变革。孟天广（2021）强调
"技术赋能"与"技术赋权"双重机制驱动；阙天舒和吕俊延（2021）提
出"渗透—传导—生成"机制等；国外学者用结构方程模型等实证研究以
探寻政府数字化转型的驱动和阻碍因素（Tangi et al.，2021）。国内学者
从公共价值理论入手，提出战略协同、能力驱动、目标引领三种高水平数
字政府治理绩效生成模式（王学军和陈友倩，2021）；通过辨析数字治理
与公共价值的内涵契合度，以探寻提升城市治理数字化路径（王晨，
2022）；此外，元宇宙治理作为一种新型治理形态，亟须政府与企业、公众
等通力协作，共同创造一个虚实融合的公共秩序（刘成，2023），推动元宇

宙等技术在政务模式创新和政务服务形态中的应用（孟庆国等，2022）。

在数字政府治理绩效或提升路径方面，阿瑞安卡兰等（Arayankalam et al.，2021）通过对前人研究进行分类，将数字政府研究分为"采用和使用""政务服务评估"（Weerakkody et al.，2019；Veeramootoo et al.，2018）和"政府治理绩效"（Pérez – Morote et al.，2020）三个方面。具体而言：在"采用和使用"方面，霍斯特，库奇雷托和古特林（Horst，Kuttschreuter and Gutteling，2007）表明数字政府应用被认为是一个主要的先决条件；德维韦迪和威廉姆斯（Dwivedi and Williams，2008）发现年龄、教育和家庭、宽带接入影响了公民对电子政务的采用；谢里夫等（Shareef et al.，2011）发现公民采用电子政务是分阶段进行的，在服务成熟度的不同阶段，使他们使用电子政务的关键因素是不同的；文卡塔斯等（Venkatesh et al.，2014）发现人口统计学（如性别、教育和收入）和个人特征影响电子政务门户网站的使用；德维韦迪等（Dwivedi et al.，2017）提出了一个统一的电子政务采用模式（UMEGA），其表现超过了现有的基于创新扩散理论（DOD）和技术接受和使用统一理论（UTAUT）的电子政务采用模型。在"政务评估"方面，德维韦迪等（2007）发现环境问题、领导力、变革管理、人力资本、资金和基础设施对电子政务的成功至关重要；拉纳等（Rana et al.，2015）调查了电子政务系统的在线公众申诉矫正系统（OPGRS）的成功因素（用户感知满意度）。在"政府治理绩效"方面，托尔伯特和莫斯伯格（Tolbert and Mossberger，2006）的一项研究发现，公民访问当地电子政务网站可以提高他们对地方政府的信任；阿索瓦（Asogwa，2013）指出数字政府为公共部门提供了重大机会新兴经济体的改革，例如有助于控制公共采购风险、违规行为，并促进有利的环境和社会成果，称为可持续公共采购（Nations，2014）。数字政府通过使用数字新媒体来提供公共服务，在公民、企业和各组织间形成共享（Adjei et al.，2019），提高了公民参与决策过程的能力，使政府更加透明、负责和有效，并提高了服务质量（Osei – Kojo，2017）。阿罗瑞安卡兰等（Arayankalam et al.，2020）发现，一个国家的数字政府建设成熟度对其电子商务的使用产生积极影响。数字政府网站的绩效受绩效期望、努力期望、便利条件及互联网信任度的影响，进而导致了网站的公民实际使用情况（Al Mansoori et al.，2018）。利益相关者的复杂以及信息交流的缺乏和协作机制是提供地方数字政府服务的最大障碍，同时数字政府可信度可以改善公民对数字政府服务的使用（Janssen et al.，2018；Weerakkody et al.，2019）。有学者的研究表明服务质量通过感知到的服务价值，间接影响了公民对电子政府的持续使用意愿（Li and Shang，2020）。

第二节　技术赋能与数字政府

政府实现数字化转型的关键是发挥数字赋能的效用（戴长征和鲍静，2017）。沈费伟和诸靖文（2021）认为"赋能"的核心在于"帮助别人（或组织）成功"。在智能化时可将数字技术与赋能理论有机融合，这样所形成的数据赋能理念蕴涵着丰富的资源要素，并能够助推政府向数字化治理转型。

一、技术赋能与数字政府关系研究

数字技术的动态发展与政府的业务调整是一种相适应的关系（Larsson and Grönlund，2014）。卡特索尼西和博特罗斯（Katsonis and Botros，2015）强调数字政府本质上是政府治理范式和架构适应数字时代社会的需要、完成创新改造策略，而不是简单的数字技术水平的提升和数字化应用的成果。黄璜（2018）基于IDK三个维度（信息、数据和知识）将数字政府分为三个层次，即"建立在信息层面的目标系统"、"建立在数据层面的资源系统"和"建立在知识层面的动力系统"。阙天舒和吕俊延（2021）认为技术发展对政府治理范式的变革依循一种特定过程机制，即"渗透—传导—生成"。黄璜（2020）认为不能将数字政府仅视为政府治理的技术化替代，而应利用数字技术帮助政府获得和传递更多的数据、信息和知识，为政府治理目标服务。

孟天广（2021）认为政府数字化转型是数字技术嵌入政府科层制以

推进治理结构再造、业务流程重塑和服务方式变革，构建新型政府、社会、市场关系，以支撑数字社会建构及数字经济发展。创新性提出"技术赋能"和"技术赋权"双重机制推进数字政府建设——运用大数据、云计算、物联网、人工智能等数字技术，可以为国家治理进行全方位的"技术赋能"，从技术上改进治理方式、治理手段和治理机制，提升政府的信息汲取、数据治理、数字规制、回应服务和濡化能力等；引入"技术赋权"概念，认为作为社会治理主体中的重要组成部分，数字技术对个人和组织发挥着显著的"赋权"功能。依靠数字技术，通过获得信息、参与表达和采取行动等社会实践方式，在提升自身参与能力的同时，改变了旧的社会结构，继而完成自我增权。

二、政务元宇宙

元宇宙（Metaverse），其英文 Metaverse 是由"超越"与"宇宙"构成的合成词，它是以智能技术集群的深度融合为依托，以沉浸体验、虚实相融、开源永生、虚拟化身和独立生态为基本特征的一套数字化社会形态（刘成，2023）。从社会重构的视角来看，元宇宙以区块链技术搭建起的经济、社交、身份、娱乐等新社会系统（清华大学新媒体研究中心，2020）。"虚实共融"是其最显著特征（赵国栋等，2021）。随着边界趋于模糊化，公众价值创造方式、政府组织的运行模式、领导力结构也随之转变，以适应数智时代的发展（陈志霞和任兵，2022）。

元宇宙作为一种新型治理技术（Allam Z et al.，2022），将推动实体政府向政府的虚拟化运行转移，将增强政府决策的数字驱动和场景化特征，将重新定义政府中的个人协作与组织协同，将加速政府组织结构的扁平化转型（刘成，2023）。元宇宙平台无限拓展了政府与社会互动的数字化感知、分析和挖掘水平、政府探知社会行为和社会规律的能力、政府提供公共服务的效能，实现市场运行的全过程监管，调适公众冲击对国家体制的威胁（Egliston and Carter，2021）。

元宇宙治理作为一种新型治理形态（沈费伟和诸靖文，2019；周维栋，2022），亟须政府与企业、公众等通力协作，利用元宇宙内嵌的各种技术要素，共同创造和维护一个虚实融合的公共秩序（刘成，2023），推动元宇宙等技术在政务模式创新和政务服务形态中的应用（孟庆国等，2022）。

孟庆国、严妍和赵国栋（2022）提出"政务元宇宙"的概念，其涵盖元宇宙相关技术在政务模式创新和政务服务形态中的应用，与政府治理范式在元宇宙环境下的变革问题；并认为元宇宙是技术与治理的又一次融合创新，应加快推动元宇宙技术在数字政府建设中的应用，从而不仅加快提升我国数字政府的建设水平，也能够在元宇宙技术自主创新和产业发展上提升国际产业竞争力，进而引领驱动我国数字经济发展。

数字技术赋能与元宇宙。元宇宙是一个集合了 VR/AR/MR、物联网、区块链、通信技术、大数据、云计算、数字孪生与人工智能等多种数字智能技术的综合系统（陈志霞和任兵，2022）。任兵、陈志霞和胡小梅（2022）从数字技术集成和社会重构两个视角，探讨元宇宙的影响力。与以数据为基础的数字技术赋能相比，元宇宙对公共治理的赋能效应不论是在数据量级、智能化程度还是嵌入公共世界的深度和广度上都更具颠覆性，可将其称之为高阶赋能（周济南，2021），分为"向政府"赋能和"向社会"赋能两大类型。

第三节 相关治理理论应用

数字政府建设是在进入数字时代后公共治理理论在政府治理实践中的重要成果，是以治理理论和数字技术相结合为核心的数字治理在政府治理实践中的运用（王孟嘉，2021）。目前研究数字政府治理研究体系构建的初级阶段，多侧重于其内涵界定、特征要素等基础理论性研究（黄璜，2020；孟天广，2021），以及相关治理理论应用研究，例如元治理（Jessop，2013；何植民和蔡静，2022）、整体性治理（陈彪和贺芒，2021；翟云，2019）、协同治理（胡重明，2020）、数字治理（王晨，2022；沈费伟和诸靖文，2021）、元宇宙治理（刘成，2023；孟庆国等，2022；周维栋，2022）等。本书归纳这一系列相关治理理论，旨在为数字政府建设打下坚实的理论与实践基础。

一、协同治理理论

协同治理（collaborative governance）理论，是以协同论与治理理论为基础的一种新兴交叉理论，是指在开放系统中寻求有效治理结构的过程，致力于理解多元主体之间的协作结构和行为。多元化治理主体，即包含了政府、民间组织、企业、公众等组织与个体；各子系统的协同性是协同治理的基础，即政府、社会、市场、个体之间相互对话与合作；协同治理过程中自组织间的协同，对于发挥社会系统功能具有积极作用；协同治理过程中的集体行为需要制定共同规则，这是促成各个组织机构之间竞争与合作的关键。

协同治理理论与数字政府。王孟嘉（2021）认为数字政府建设应注重以数字技术为支撑政府与社会、市场、公众之间互动的基础，从而实现政府数字化运行机制的保障。即数字技术的发展提高了协同处理经济社会事务的能力，在推进数字政府建设过程中，数字技术通过创新政府治理流程、治理模式等，进而形成一体化的治理体系，打造政府、社会、市场之间的技术、业务、数据、空间相互融合的治理生态，在政府治理过程中实现多治理主体、多治理机构之间的跨层级、跨区域、跨部门、跨业务的协同与联动。黄建伟和陈玲玲（2019）认为数字政府在参与主体上表现为多元主体的合和共进，各级政府部门的数字化建设有利于实现信息资源纵向和横向的互联互通，推进各部门信息整合，从而使跨层级、跨地区的治理变得更加便利和高效。刘冰（2022）借助协同治理理论框架，分析"跨省通办"实践中数据共享的新挑战，发现在行动主体、技术环境等方面与传统协同治理存在差异，认为"协商沟通"、"激励约束"和"组织学习"是跨区域数据共享的核心机制。胡重明（2020）凭借数字化手段，政府部门建立起无缝化、矩阵化、网络化的治理模式，从联动机制、要素结构和职能体系三个维度超越了中西方协同治理的传统经验和"政府即平台"的既有理论。赵娟和孟天广（2019）认为"部门协作与组织变革"是结构封闭的政府转型成为整合协同的整体型数字政府的关键，这既离不开政府自身治理创新，也离不开政企合作与政民互动。

二、整体性治理理论

整体性治理是由佩里·希克斯等（Perri Six et al.，2002）在《迈向整体性治理：新的改革议程》中率先提出的，是以公民需求和问题解决为治理导向，强调调整不同层级政府之间、不同政府内部部门之间的纵向与横向的整合，并注重协调目标与手段的关系，重视信任、责任感与制度化，同时依赖数字技术的运用，从而达到协同一致的公共服务目标。整体性治理理论是对新公共管理理论"碎片化"治理的修正（Perri，2002），它能够更好地发挥信息化对政府的辅助功能，关注各部门之间的协同运作和执行，提倡从分散到集中，从局部到整体，从分散到整体，从分散到统一（竺乾威，2008；徐玉德和董木欣，2021）。整体性治理强调协调、整合与信任三大机制的综合运用（陈彪和贺芒，2021），是信息化时代创新驱动政府的新型治理方式（Patrick，2005），是政府机构组织间通过充分沟通与合作，形成有效的整合与协调，彼此政策目标一致且连续，政策执行手段相互强化，达到合作无间的目标的治理行动（叶璇，2012）。

数字政府建设是以信息技术创新驱动政府数字化运行模式变革，从而增强政府的整体性治理效能（陈娟，2021）。吴春（2020）认为在我国"放管服"改革不断推进的进程中，应从整体性视角聚焦多元主体协同，"互联网＋政务服务"推动了整体政府建设，呈现出整体性、协同性、共享性、一体化特征（翟云，2019）。学者徐玉德和董木欣（2021）基于数字政务治理三要素，可构建治理目标、治理机制、治理手段"三位一体"的数字政务整体性治理模式，充分发挥政务系统的整体效应。王孟嘉（2021）认为整体性治理可以有效解决政府不同部门、不同机构面临的职能重复、沟通无效等问题，进而变革治理模式，从而实现政府部门、机构之间的协调、合作。在推进数字政府建设过程中，数字技术通过增强信息传递能力、改善信息传递方式，不断优化政府组织结构和政府治理职能，从而推动数字政府形成整体性政府架构，提高数字政府治理行为的整体性与联动性。

三、元治理理论

"元治理",即作为"治理的治理",以市场、国家等为主要的治理形态(刘一丹,2017)通过对权力或机构的调控,实现对国家治理的再组装,其实质就是在国家合理的组织与引导下,建立起一套完善的、可持续的社会治理体系。"元治理"和"治理"的最大不同之处在于,它既突出了国家(政府)对社会管理的主导地位,又保留了"治理"的根本思想(Whitehead M,2003)。

政府"元治理"可分为内部"元治理"与外部"元治理"。内部"元治理"是指发生在政府等公共行政组织内部之间"元治理",要解决其组织内部在运用治理模式时,可能产生的潜在的对立冲突和协同互补;外部"元治理"是指发生在政府等组织与社会之间的"元治理"(熊节春,2011)。

元治理突出强调政府权威在整个社会治理体系中的主导性地位(何植民和蔡静,2022),应合理定位政府职能,形成"强政府、强社会"的理想状态(丁冬汉,2010),并注重科层治理、市场治理和网络治理等三种治理模式融为一体。

在多元主体结构中,政府由于其自身的特点和优势(熊节春和陶学荣,2011),是唯一元治理主体(张平和隋永强,2015;张茂聪和董倩,2022),主导了新的"元治理"角色和职能。于水等(2014)认为应重视组织内部元治理,打造"强政府";加强对市场和社会的外部元治理,培育"大社会";明确元治理目标,塑造法治型政府和服务型政府,构建国家治理体系。

四、数字治理理论

数字治理理论是治理理论与互联网数字技术结合催生的新的公共管理理论准范式(韩兆柱和马文娟,2016),对整体性治理理论的继承与发展(沈费伟和诸靖文,2021),通过数据赋能智能化时代政府的理念建构、数据共享、服务供给与科学决策,最终实现精准、高效的公共治理。孟天广(2021)认为数字治理是数字时代的全新治理范式,是数字化转型的驱动力，其内涵至少包含"对数据的治理""运用数字技术进行治理"以及"对数字融合空间进行治理"三个方面，将全方位赋能国家治理（吴韬，2021）。保海旭等（2022）将数字治理视为对数字管理的继承与发展，以"公民本位"为主导（黄建伟和陈玲玲，2019），将公众的诉求作为治理体系构建的基础，旨在提高多元主体的治理效能。数字治理理论的核心在于服务的重新整合，整体的、公众参与的决策方式以及电子行政运作广泛的数字化（Patrick Dunleavy，2006）。数字治理理论强调通过以信息技术为手段搭建一个多主体广泛参与的合作网络（黄建伟和陈玲玲，2019），从而实现行政数字化，这也是数字政府治理的重要本质特征（江小娟，2020）。

数字治理旨在改善公共部门机构的信息和服务提供，提供高效率和高质量的公共服务（Dunleavy et al.，2006），"利用通信技术，特别是互联网，作为实现更好治理政府的工具"（Bonsón et al.，2012）。高德纳等（Gartner et al.，2000）将数字治理定义为"通过技术、互联网和新媒体改变内部和外部关系，持续优化服务提供和治理"。

孟天广（2022）对数字政府相关治理理论从其核心观点、要素和实践挑战三个方面，进行系统性的梳理（见表2-2）。在此基础上提出数字治理生态理论，即从生态论视角理解政府数字化转型，强调治理体系的系统化、治理主体的包容性、治理资源的共享性。即蕴含数字治理主体和数字治理资源两大内生关联的要素系统，发挥着汇聚多元治理主体、共享数字治理资源的基础性作用，以构建数字政府、数字经济与数字社会协同演进的生态系统，实现包容性、协同性、智慧性和可持续性等治理价值（党生翠，2023）。

表2-2 数字政府相关治理理论迭代梳理

概念	核心观点	数字政府要素	实践挑战
技术治理	将数字技术视作治国理政的治理技术；强调数字技术的工具价值	强调垂直信息系统、治理技术嵌入、效率导向	缺乏政府理念变革、组织机构变革，形成部门主义、数据孤岛效应

续表

概念	核心观点	数字政府要素	实践挑战
数据治理	将数据视为生产要素和治理要素，可以被安全生产、有序流动、合规交易、高效使用	构建一整套关于数据治理的规则体系，强调数据决策、数据权利和隐私保护	基于工业文明思维，将数据作为生产要素管理，重视数据汇聚多于数据开发和开放
平台治理	从平台经济引入平台理念，由科技企业强调支撑政务平台，对平台的监管和规制，将数字治理等同于平台治理	强调平台的技术赋能作用，依托政务平台建设整体性政府，优化业务流和信息流	本质上是供给侧管理思维，重视政企协同但缺乏社会参与，重视服务效率而忽视公共性和普惠性
多元治理	将公共行政或治理理论引入数字治理中来强调多元参与、协商、自治理念	重视公共空间建设和多中心治理，强调政企社协同和公民的公共精神	强调数字空间的参与和自治，忽视数字空间的公共权威和秩序构建
虚拟治理	对数字或虚拟空间的治理，治理对象是数据主权、数据跨境流动、数据安全等	强调数据主权、数字秩序，重视数字空间的公共权威和秩序构建	公共权威和网络秩序优先，约束了数据资源的跨境流动和开源开放，区分了数字空间与物理空间治理但未能构建协同机制
治理生态	数字治理依赖于汇聚多元治理主体和共享关键治理资源，融合物理空间与数字子空间的治理，进而实现数字政府与数字经济、数字社会的同步演化	强调数字治理主体的协同性、治理资源的包容性、治理场景的系统性，基于技术赋权和技术赋能构建政企社协同的有序格局	从治理理念、组织结构、治理资源和治理技术进行全方位转型，构建数字治理生态是一项系统性工程

资料来源：孟天广. 数字治理生态：数字政府的理论迭代与模型演化［J］. 政治学研究，2022（5）：13 – 26 + 151 – 152.

第四节 公共价值、价值共创与数字政府

一、公共价值理论与数字政府

作为一种公众集体偏好的政治协调表达，公共价值是后新公共管理时期公共行政的主流理论标识和话语体系（王学军和张弘，2013）。它是一种新型的公共管理模式，倡导以"公共价值"的创建为起点和归宿，注

重基于社会价值的构建，注重群体偏好，重视政治的角色，推动互联网的治理，通过对民主和效率的再认识，综合解决效率、责任和公平等问题（何艳玲，2009）。公共价值管理理论将公共部门关注的重点从组织转向社会（王学军和陈友倩，2021），其研究目的由"效率和结果"转向更加广泛的"公共价值创造"（王学军和王子琦，2017），帮助公共管理者重新思考数字政府的公共服务提供及与公民互动的方式，以适应服务需求的转变和更好地满足社会期望（王学军和陈友倩，2021）。在中国情境下，公共价值可分为结果主导的公共价值（public value，PV）和共识主导的公共价值（public values，PVs）（王学军和张弘，2013）。

数字政府旨在利用现代数字技术重塑政府的公共服务理念，从而达成政府施政的政策目标，为公众和社会创造公共价值（王学军和陈友倩，2021）。卡恩斯（Kearns，2003）认为要评估数字政府的公共价值首先要明确公共价值的来源，基于三维度评估框架（高质量的服务、公众所期望的结果和公众对公共机构的信任）阐述了政府只有通过提升公共服务提供的质量才能够产生公共价值，从而令公众满意。班尼斯特和康诺利（Bannister and Connolly，2014）指出了解信息和通信技术与公共价值传递之间的关系可以帮助政府适当使用技术造福社会，并将公共价值的具体内容运用于公共部门以讨论透明度、效率、包容性等价值对数字政府举措的影响。张丽和陈宇（2021）依据公共价值的行为性、公民性、服务性和社会性，细化了数字政府在数字行政、数字服务、数字公民和数字社会四个维度中的测量指标，进一步发掘了数字政府在改善治理质量方面的潜力。王学军和陈友倩（2021）以公共价值管理理论为切入点，基于"运作能力—授权环境—价值目标"的战略三角模型，发现政策响应程度是数字政府治理绩效生成的必要条件，存在战略协同、能力驱动、目标引领等3种高水平数字政府治理绩效生成模式。刘银喜和赵淼（2022）强调数字政府治理创造公共价值是以技术赋能和数据赋能共同驱动政府治理体系和治理能力现代化，这也是数字政府治理的重要特征。王晨（2022）寻求数字治理本质与公共价值创造的内涵契合，立足数字政府、数字社会以及数字公民三个维度构建数字治理的公共价值"生产—整合—表达"的逻辑框架，通过提升政府政务服务数字化效能、丰富数字化公共产品与服务供给，以及开展数字化治理人文反思的城市治理数字化路径，能够丰富数字时代的治理理论内涵，进而推动数字赋能城市治理的实践探索。

二、价值共创理论与数字政府治理

价值共创理论是服务主导逻辑产生的"企业和顾客通过互动等行为共同创造价值"（Prahalad and Ramaswamy，2004；Grönroos，2008），多集中于"企业与顾客"的二元关系，多元关系较少（杨学成和涂科，2017）。国内外关于价值创造的研究主要集中于传统经济背景下，更侧重于研究提供方与顾客方之间的价值共创过程（Malin et al.，2015；Palumbo，2016；Zhang et al.，2016），也有少量文献对顾客单独创造价值的现象进行了剖析（Heinonen et al.，2010；Kristina et al.，2013；李耀等，2016）。然而，随着新兴数字技术的发展，数字价值创造成为近年来学术界关注热点（戚聿东和肖旭，2020；孙新波等，2021），多集中于共享经济、平台经济等数字经济新业态的价值创造机理（孟韬、关钰桥和董政，2020；杨学成和涂科，2017；王水莲等，2019；周文辉等，2018）。数字时代下的价值共创的不再是"企业与顾客"，而是"平台与用户"（孟韬、关钰桥和董政，2020），从而"二元关系"的互动，发展到"价值网络"视角（王水莲等，2019）、多主体互动角度（杨学成和涂科，2017）。基于大数据等数字技术时代下开展多元主体的价值共创研究是当前值得研究的问题。

数字政府在治理内核上与价值共创理论十分契合。数字政府作为一种数字技术驱动的复杂组织创新，其价值创造方式值得探讨（Grönroos and Voima，2013）。与传统政府治理相比，数字政府治理趋向"扁平化""智能化""协同化"，参与主体由"单一"的政府主导逐渐成为由"政府主导＋多主体协同"治理，从而打造泛在可及、智慧便捷、公平普惠的政务服务。数字政府治理的核心价值在于以公众为中心，切实提高公众的获得感和满意度（王学军和陈友倩，2021）。

"数字政府即平台"（胡重明，2020），"用户"则是参与数字政府治理的数字企业、社会公众、高校科研机构等多元创造主体。多主体广泛参与的合作网络，从而实现行政数字化，这也是数字政府治理的重要本质特征。数字政府建设应注重以数字技术为支撑政府与社会、市场、公众之间互动的基础，从而实现政府数字化运行机制的保障（王孟嘉，2021）。因此，"平台驱动的数字政府"离不开多主体共创，以解决政府治理过程中数字基建升级、政务服务一体化平台搭建、数据共享与安全等具体问题。政府内部应该积极推动从"部门平台"到"政府即平台"，培养干部养成"用户思维"，打破"协同困境"。"用户"在价值创造中被赋予更多的主导权利，与政府共同构成了复杂的数字政府治理生态系统（孟天广，2022）：企业拥有先进数字技术和创新能力，政府提供治理应用场景，专家学者协助数字政务决策，公众"倒逼"政务服务升级等"共创"助推数字政府治理模式创新，逐步探索出适宜的数字化治理机制。例如浙江与阿里巴巴等合作共建数字政府所需的数据体系、平台系统（理论框架详见图 2－1）。

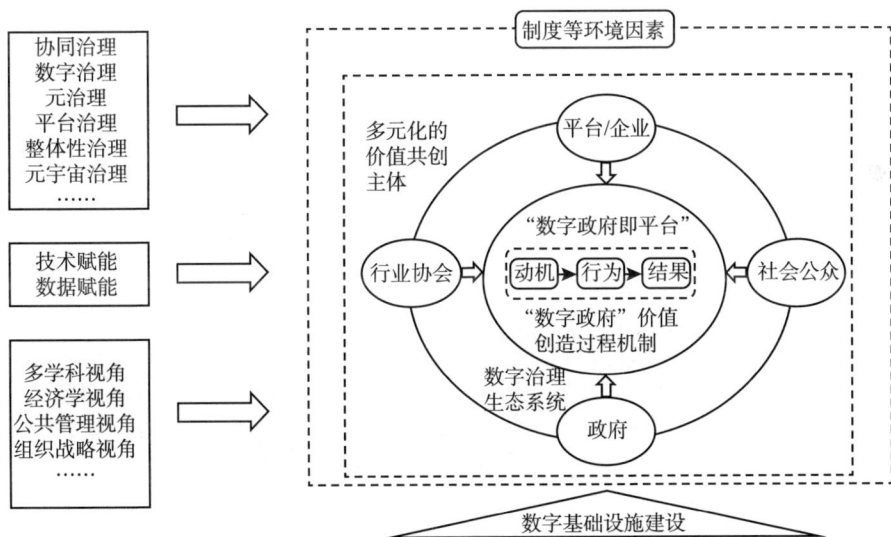

图 2－1 价值共创视角数字政府治理理论框架

公共价值理论与价值共创理论。目前，在公共管理领域，有学者将公共价值作为一个新的视角研究数字政府价值创造的驱动因素与作用机制、治理绩效评估与提升路径等（韩啸和汤志伟，2021；张丽和陈宇，2021；王学军和陈友倩，2021；Twizeyimana and Andersson，2019）。本书认为"多主体广泛参与互动共创"是数字政府治理的重要特征，公共价值是价值共创的结果之一。"平台"是一个动态演变的社会生态系统，连接促进价值共创主体之间数据资源整合和互动行为，应兼顾公共价值、情绪价值和经济效益（José van Dijck，2018）。此外，价值独创和社会化共创也是数字时代下独特价值创造方式（孟韬、关钰桥和董政，2020；杨学成和涂科，2017）。

—————————— 第三章 ——————————

数字政府研究演进、框架与前沿中外比较

第一节 研究问题的提出

大数据、区块链、人工智能等新兴技术深刻影响社会经济生活以及国家治理。数字政府作为一种数字技术驱动的新型组织模式，备受各界关注。美国、英国、欧盟等国家和地区先后将其列为国家和地区层面的发展战略，我国也不例外。目前，数字政府研究正百花齐放、方兴未艾，受到经济学、管理学、公共管理、政治学、法学等各界学者关注研究已从多个角度展开，例如政府治理目标（Gil-Garcia et al.，2018）、社会形态演变（王谦和曾瑞雪，2020；戴长征和鲍静，2017）、政策演变（刘学涛，2022；黄璜，2021）、府际关系（邓崧等，2021）、公共价值（韩啸和汤志伟，2021；张丽和陈宇，2021；Twizeyimana and Andersson，2019）等。

然而，目前研究多集中于数字政府治理的定义、基本特征及分类等基础性理论研究或政府数字化转型的应用研究，缺少对中外数字政府现有研究全面系统的梳理，尤其是基于文献计量分析的数字政府研究较为缺乏，缺少在权威核心期刊收录发表。同时，与数字政府治理相关研究呈现碎片化的特点，例如大数据下的公共治理变革（马海韵和袁园，2022）、治理能力现代化（刘凯强，2022）、政府治理（何水和郑晓莹，2020）、数字治理（王洛忠等，2018）等。

数字政府治理是一个复杂、多元的社会生态系统，亟须构建整体、系

统的数字政府理论体系框架。因此，本书将聚焦中外数字政府研究进展比较分析，运用 CiteSpace 文献可视化分析软件，分别从知网（CNKI）和 WOS 数据库中选取近 20 年核心期刊论文，对数字政府研究领域的知识来源、发展规律、热点研究、学科趋势等进行对比分析，并绘制研究现状图谱和探索性图谱两大类。研究旨在尽最大可能为学者提供了较为宏观的展示，构建数字政府治理理论体系，为后续研究和实践奠定理论基础。

第二节　研究设计与数据来源

一、研究方法

科学知识图谱（mapping knowledge domains）最先在 2003 年在美国提出，由陈超美教授团队在 2005 年率先引入中国，其有效可视化被分析对象的特点在国内外科学计量学获得广泛应用。科学知识图谱法是可视化的知识图形与序列化的知识谱系的结合（Chen，2006），其以图形为主辅以参数展示研究领域的知识结构和历史进程，将研究的发展进程、演变机理以及内在逻辑关系可视化（王岑岚等，2017；Watthananon and Mingkhwan，2012）。

CiteSpace 是目前国际上主流的科学知识图谱绘制工具之一，其基于共引分析理论（Co - Citation）和寻径网络算法（PathFinder）等理论被使用于计量众多学科的文献。图 3 - 1 为本书研究流程，本书使用 CiteSpace 当前最新版本（6.1. R6）分别研究领域内中文与外文文献，其中中文文献是通过将 CNKI 数据库中所选取文献的 Refworks 格式转换为 CiteSpace 可读格式后计量，其中包括文献的作者、机构、被引用量等信息，外文文献是通过在 WOS 数据库中选取的文献以纯文本格式导出后进行计量，记录内容包括全记录与引用参考文献。对中英文献的计量包括网络分析、共被引分析和共现分析，根据图谱的具体情况采用聚类视图（Cluster）、时间线视图（Timeline）和时区视图（Timezone）中与之逻辑最契合的方式绘制图谱。

第一步：识别研究主题

数字政府作为一种数字技术驱动的新型组织模式，在全球范围内受到高度重视，现对中外有关数字政府的文献进行系统性梳理

第二步：筛选文献

中文文献（CNKI数据库） CSSCI引文索引	英文文献（WOS数据库） SSCI引文索引
检索关键词：数字政府、电子政务、政府数字化改革、网上政务服务。 手动剔除后剩余2886篇	检索关键词：e-government, egovernment,electronic government,digital government,government digital transformation。 手动剔除后剩余3980篇

第三步：CiteSpace软件处理

第四步：研究现状对比分析

关键发文国家	高被引文献
关键作者	关键发文机构

第五步：中外研究情况探索性分析

研究演进	聚类分析

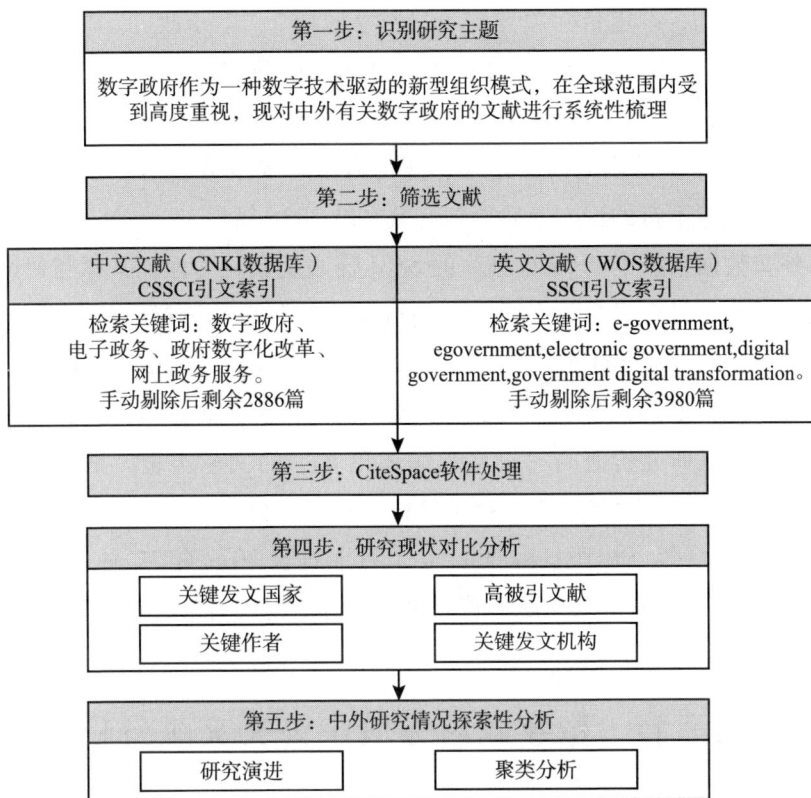

图 3 - 1   研究流程

为对数字政府研究领域的知识来源、发展规律、热点研究、学科趋势等进行分析，本书借助 CiteSpace 绘制的图谱分为研究现状图谱和探索性图谱两大类（研究流程详见图 3 - 1）。研究现状图谱是根据研究主体的发文和被引用情况确定关键主体绘制的，包括领域内关键发文国家、关键发文机构、关键作者和高被引文献四小类图谱；探索性图谱是以研究热点的历史演化过程和关键词共现为基础绘制的，包括研究演进和聚类分析两小类图谱。

二、数据来源

研究数据分别来源于国内外数据库。国内数据来源于中国知网（CNKI）数据库，为保证文献质量，选取南京大学中文社会科学引文索引（CSSCI）

检索学术期刊，设定目标关键词为"数字政府""电子政务""政府数字化改革""网上政务服务"，检索任意目标词出现在篇名、关键词、摘要出现的文献，得到近20年（2003年1月1日至2022年12月31日）文献3135篇，其中手动剔除会议记录、征稿启事、政策颁布与解读、专栏导语以及与主题不符的论文等后得到有效文献2886篇。

外文数据来源于WOS数据库的SSCI核心期刊，为保证文献与研究主题的相关度，设定目标关键词为"e-government""egovernment""electronic government""digital government""government digital transformation"，检索任意目标关键词在篇名、关键词、摘要出现的文献，选取"English"语种，选取更具研究价值的"论文和综述论文"的文献类型，剔除在线发表、会议录论文、书籍评论、社论材料、修订、会议摘要、新闻、书籍章节后得到近20年（出版日由2003年1月1日至2022年12月31日）文献3980篇，手动剔除与主题不符的论文与等后得到有效文献3578篇。

第三节　数字政府领域中外文文献分析

本章节将绘制数字政府领域中外文文献多种网络图和数据表，分析领域内中外文文献的研究来源，包括梳理中外文文献的关键发文国家、关键发文机构、关键作者与关键文献。

一、数字政府国内外发文关键国家与核心机构

（一）领域内发文关键国家分析

本书对数字政府领域内的国际文献关键发文国家（地区）进行整理分析（见图3-2），并以总发文量和中心度总结出领域内关键发文国家（地区）排名（见表3-1）。图3-2中节点表示数字政府研究领域各发文国家的情况，"节点间的连线"展示了关键发文国家（地区）之间合作发表情况，节点大小表示各国家（地区）发文的频数。可见，数字政府这一选题在世界范围内的发文与引用情况多集中于近10年（2013~2022年）。

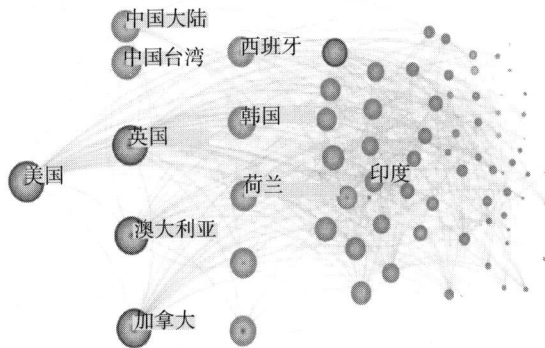

图 3 - 2 领域内外文文献发文国家（地区）网络图

表 3 - 1 领域内外文文献发文国家（地区）统计

序号	国家	中心度	发文量
1	美国	0.45	1008
2	中国*	0.10	483
3	英国	0.32	408
4	澳大利亚	0.21	308
5	加拿大	0.14	205
6	西班牙	0.10	163
7	韩国	0.02	159
8	荷兰	0.02	133
9	印度	0.03	103
10	德国	0.10	76

注：* 含中国台湾地区数据。

同时，本书综合考量领域内发文频次和中心性以确定关键国家（地区），选取一般认为中心性数值大于等于0.10的为关键节点，其中领域内美国的发文1008篇和中心性0.45均最为高值，英国发文408篇和中心性0.32紧随其后。值得一提的是，中国大陆与中国台湾合计发文量483篇，高于位居第二的英国，合理推测将中国大陆与中国台湾的合计计算中心性时，将超过0.10这一关键节点标准。根据SSCI发表情况确定数字政府发文关键国家为美国（1008）、中国（483）、英国（408）、澳大利亚（308）、加拿大（205）等。可见，以美英为代表的发达国家在该领域占据重要地位，得益于其经济基础雄厚、信息技术成熟、政府数字化转型起步较早、实践经验丰富等。

近年来，我国在数字政府领域内国际期刊发文量逐渐增大，得益于我国政府高度重视建设数字政府，提出"网络强国""数字中国"等一系列制度战略。相似地，同为发展中国家的印度重视发展数字经济，其被引量仍较低。应考虑数字政府作为信息技术发展下的应用，发达国家基本在信息技术领域研究较早，其相关应用技术更为成熟，在世界范围内认可度较高。同时数字政府作为数字技术发展下的一种新型组织模式，相同的政治体制下的研究借鉴价值更高。我国相关文献被引用量较低也从侧面体现了我国数字政府领域研究发展迅速的同时，治理模式具有一定的制度特色。

（二）领域内中外发文核心机构对比分析

本书将数字政府研究领域内中外文献主要发文机构进行图谱展示，以进一步比较分析。图3-3、图3-4分别展示数字政府研究国际与国内核心发文机构情况。节点表示数字政府领域内的发文机构，节点间的连线表示发文机构间的合作情况，节点大小表示各机构发文的发文频数，体积大且连接多的节点被认为是关键节点。通过观察颜色，发现随着时间演进，领域内机构间合作发文情况。具体分析如下：

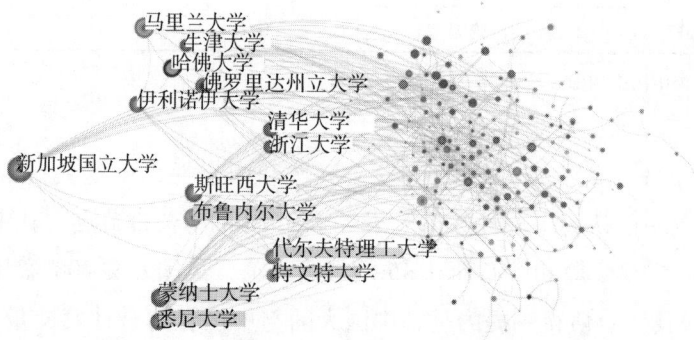

图3-3　领域内外文文献发文机构网络图

图 3 - 4　领域内中文文献发文机构网络图

对数字政府领域内发文量与被引用情况初步分析，SSCI 论文发表主要来源于 6 个国家的 14 所研究机构，包括：新加坡的关键发文机构为新加坡国立大学（National University of Singapore），美国的关键发文机构为哈佛大学（Harvard University）、牛津大学（University of Oxford）、伊利诺伊大学（University of Illinois）、马里兰大学（University of Maryland）、佛罗里达州立大学（Florida State University，FSU），英国的关键发文机构为布鲁内尔大学（Brunel University of London）和斯旺西大学（Swansea University），澳大利亚的关键发文机构为悉尼大学（The University of Sydney）和蒙纳士大学（Monash University），中国的关键发文机构为清华大学（Tsinghua University）和浙江大学（Zhejiang University），荷兰的关键发文机构为特文特大学（University of Twente）和代尔夫特理工大学（Technische Universiteit Delft）。领域内国际发文机构众多，合作发文密切。

领域内 CSSCI 文献主要来源于 8 所学校中 10 所研究机构（见图 3 - 4），其作为学校下设二级学院/中心均从事与信息管理和公共管理相关的研究，进一步体现了数字政府是信息学与管理学的新兴交叉研究领域。领域内研究机构合作发文情况显著，通过观察发现国内数字政府研究合作情况集中于近 10 年。

综合考量领域内发文频次和中心性以确定关键的发文机构，数字政府领域中外文文献关键机构的中心度和发文量（见表 3 - 2），某节点的"中心度大于 0.10"被认为其在全部节点中具有中心性。就数字政府外文发表情况而言，新加坡国立大学的发文 41 篇在领域内为最高值，斯旺西大学的中心性 0.08 在领域内为最高值。关键发文机构中美国机构最多，与领域内发文关键国家的结论一致。哈佛大学的节点用粉红色圈出记为最关键节点，但其中心度和发文量并未显著高于其他机构（见图 3 - 3）。与其他国家关键机构相比，中国的关键发文机构节点显示其发文较晚，主要集中于 2018 年以后，这与党的十九届四中全会以来提出"数字政府战略"等一系列制度政策颁布时间相符。

表 3 - 2　　　　　　　数字政府研究中外核心机构排名比较

序号	国内机构	中心度	发文量（	国外机构	中心度	发文量
1	武汉大学信息管理学院	0.06	91	新加坡国立大学（新加坡）	0.04	41
2	中国人民大学信息资源管理学院	0.04	52	布鲁内尔大学（英国）	0.03	37
3	华中科技大学公共管理学院	0.02	86	马里兰大学（美国）	0.03	34
4	清华大学公共管理学院	0.05	49	斯旺西大学（英国）	0.08	33
5	北京大学政府管理学院	0.03	39	蒙纳士大学（澳大利亚）	0.05	29
6	武汉大学信息资源研究中心	0.03	41	哈佛大学（美国）	0.06	28
7	南京大学信息管理学院	0.01	37	悉尼大学（澳大利亚）	0.05	28
8	中国人民大学公共管理学院	0.01	46	特文特大学（荷兰）	0.00	27
9	吉林大学行政学院	0.02	34	牛津大学（美国）	0.02	27
10	湘潭大学管理学院	0.01	32	代尔夫特理工大学（荷兰）	0.04	27

中文文献发文机构的中心度均未超过 0.10，武汉大学的信息管理学院在领域内的中心度最高达 0.06，同时信息资源研究中心的中心度达 0.03，领域内发文量分别在 91 篇和 41 篇；清华大学公共管理学院和人民大学信息资源管理学院的中心度分别达 0.05 和 0.04，发文量在 49 篇和 52 篇；值得注意的是，华中科技大学公共管理学院发文量居于第二位为 86 篇，但中心度却略低于国内其他关键发文机构。

二、领域内关键作者与高被引文献对比分析

（一）领域内外文关键作者与高被引文献分析

图 3－5 展示了数字政府研究领域内中文文献作者。其中图中节点表示领域内各中文作者，节点间的连线表示作者间的合作情况，节点大小表示作者发文频数，展示了排名前 14 位的研究领域内关键作者，其中关键作者发文频数普遍在领域内居于前位。通过观察得知领域内发文情况集中于 2015 年后，因此认为该领域为当前中文期刊热点研究领域之一，其中研究贯穿于近 20 年并且节点较大的作者为张锐昕、马亮、郑磊、罗贤春、胡广伟、孟庆国等。

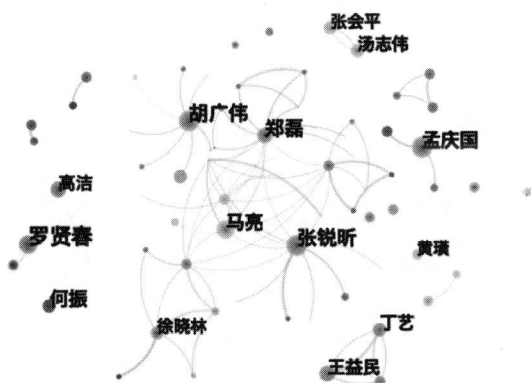

图 3－5　领域内中文文献作者网络图

领域内合作发文情况多集中于关键作者。其中，郑磊、张锐昕、马亮三位学者在领域内合作发文最多，且三位之间存在合作发文情况，合作发

文集中于 2015 年后；胡广伟在领域内的发文集中于 2015 年后，且较多为合作发文；王益民、丁艺、刘密霞三位学者间合作发文情况较多，其他领域内关键学者如罗贤春、孟庆国等领域内发文情况多集中于 2015 年前，并且合作发文量少于独立发文量。

表 3 - 3 展示了领域内中文关键作者。根据 CiteSpace 对国内该领域的核心作者排序，在前文所述文献数据范围中查找作者单位、发文量与被引量相应信息构建统计表，其中张锐昕和胡广伟两位学者在领域内发文量最多分别达 33 篇和 29 篇，郑磊学者在该领域内发文被引量达 2767 次，同时黄璜、马亮和张锐昕三位学者在该领域发文的被引量已达千次以上。

表 3 - 3　　　　　　　　　　领域内中文关键作者统计表

序号	作者	作者单位	发文量（篇）	被引量（次）
1	罗贤春	吉首大学	16	132
2	胡广伟	南京大学	29	369
3	张锐昕	大连理工大学	33	1017
4	何振	湘潭大学	25	867
5	郑磊	复旦大学	25	2767
6	孟庆国	清华大学	26	844
7	马亮	中国人民大学	25	1295
8	丁艺	中共中央党校	17	330
9	王益民	中共中央党校	19	575
10	汤志伟	电子科技大学	16	422
11	高洁	天津师范大学	11	216
12	张会平	电子科技大学	17	421
13	徐晓林	华中科技大学	23	697
14	黄璜	北京大学	22	1601

表 3 - 4 展示了领域内关键中文文献。在前文所述文献数据范围中按文献被引次频数绘制统计表，其中关键文献集中于 2015 年及以前，仅有被引次频数排名第二的《数字政府治理——基于社会形态演变进程的考

察》一文发表于 2017 年，同时关键文献主要集中于《中国行政管理》和《电子政务》两本期刊。

表 3-4　　　　　　　　领域内被引频次前十位的中文文献列表

序号	作者	文献名称	期刊（年份）	被引频数（次）
1	卓越	《公共部门绩效评估的主体建构》	《中国行政管理》（2004）	606
2	戴长征、鲍静	《数字政府治理——基于社会形态演变进程的考察》	《中国行政管理》（2017）	396
3	刘叶婷、唐斯斯	《大数据对政府治理的影响及挑战》	《电子政务》（2014）	332
4	郑磊、高丰	《中国开放政府数据平台研究：框架、现状与建议》	《电子政务》（2015）	314
5	郑磊	《开放政府数据研究：概念辨析、关键因素及其互动关系》	《中国行政管理》（2015）	292
6	王伟军、孙晶	《Web2.0 的研究与应用综述》	《情报科学》（2007）	288
7	张成福	《信息时代政府治理：理解电子化政府的实质意涵》	《中国行政管理》（2003）	282
8	王玥、郑磊	《中国政务微信研究：特性、内容与互动》	《电子政务》（2014）	267
9	王芳、张璐阳	《中国政务微信的功能定位及公众利用情况调查研究》	《电子政务》（2014）	262
10	温家宝	《深化行政管理体制改革　加快实现政府管理创新——在国家行政学院省部级干部政府管理创新与电子政务专题研究班上的讲话》	《国家行政学院学报》（2004）	238

（二）领域内外文关键作者与高被引文献分析

图 3-6 显示了领域内外文文献发文作者网络图。通过观察节点大小可知作者发文频数，图中标注的排名前 10 位的领域内关键作者，存在频

繁合作发文情况的作者集中于关键作者之中，根据观察颜色可知，除个别外关键作者的发文和合作情况集中于 2015 年后，并且 2020 年后发表的文献占据近一半，可以得到该领域是当前的研究热点之一。根据 CiteSpace 得到的领域内外文文献前五位关键作者（Dwivedi Yogesh K，Weerakkody Vishanth，Janssen Marijin，Reddick Christopher G，Rana Nripendra P）合作发文情况最为显著。表 3 - 5 为按前文所述筛选得到的文献数据库中获取的领域内关键文献列表。

图 3 - 6　领域内外文文献发文作者网络图

表 3 - 5　　　　　　　　领域内被引频次前十位外文文献

序号	文献	期刊（年份）	被引数（次）
1	运用信息通信技术打造透明文化：电子政务和社交媒体作为社会开放与反腐工具（*Using ICTs to create a culture of transparency: E - government and social media as openness and anti-corruption tools for societies*）	《政府信息季刊》（*Government Information Quarterly*）（2010）	1021
2	电子政务服务的使用：公民信任、创新和接受因素（*The utilization of e-government services: citizen trust, innovation and acceptance factors*）	《信息系统杂志》（*Information Systems Journal*）（2005）	991
3	电子政务与服务交付转型及公民态度（*E - government and the transformation of service delivery and citizen attitudes*）	《公共行政评论》（*Public Administration Review*）（2004）	697

续表

序号	文献	期刊（年份）	被引数（次）
4	从电子政务到我们政务：在社交媒体时代定义公民共同生产的类型学（From e-government to we-government：Defining a typology for citizen coproduction in the age of social media）	《政府信息季刊》（Government Information Quarterly）（2012）	630
5	信任与电子政府成功：一项实证研究（Trust and electronic government success：An empirical study）	《管理信息系统杂志》（Journal of Management Information Systems）（2008）	592
6	将公民满意度与电子政务和对政府的信任联系起来（Linking citizen satisfaction with e-government and trust in government）	《公共行政研究与理论杂志》（Journal of Public Administration Research and Theory）（2005）	569
7	电子政务采纳中的信任与风险（Trust and risk in e-government adoption）	《战略信息系统杂志》（The Journal of Strategic Information Systems）（2008）	557
8	电子政务对政府信任和信心的影响（The effects of e-government on trust and confidence in government）	《公共行政评论》（Public Administration Review）（2006）	524
9	分析电子政务研究：视角、哲学、理论、方法和实践（Analyzing e-government research：Perspectives，philosophies，theories，methods，and practice）	《政府信息季刊》（Government Information Quarterly）（2007）	472
10	本地电子政务2.0：社交媒体和城市企业透明度（Local e-government 2.0：Social media and corporate transparency in municipalities）	《政府信息季刊》（Government information Quarterly）（2012）	470

第四节　研究热点演进与聚类分析

一、研究热点演进

运用时区图分析数字政府研究领域关键词的动态演化过程，图3-7和图3-8中节点表示数字政府领域内的中文文献中出现的关键词，节点间的连线体现着关键词间的联系，节点的大小表示节点的重要程度。为表现关键词的动态演化过程，图中在两方面展示了时间，整幅图由左到右为近 20 年间（2003～2022 年）各年份所出现关键词。

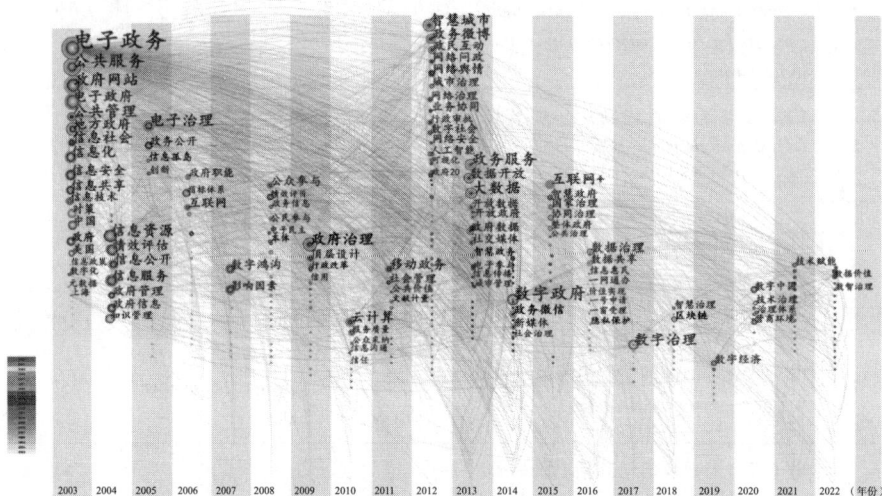

图 3-7　中文文献近 20 年关键词时区图

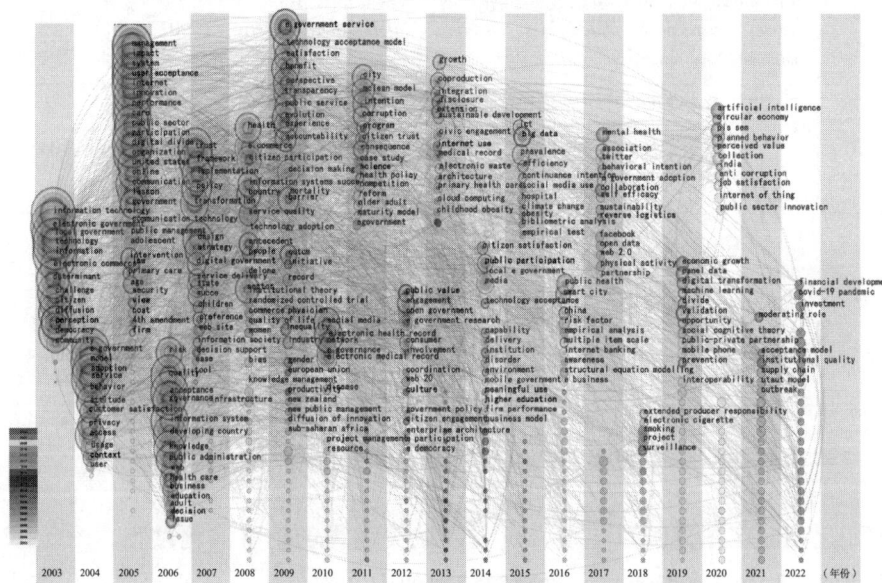

图 3-8　外文文献近 20 年关键词时区图

对数字政府领域研究热点演进分析。总体而言，中外文献研究热点丰富、脉络清晰、发展进程相似，研究热点紧随外部环境（技术升级、制度政策等）呈现出渐进式发展规律，即均从"电子信息化政务——网络化政务——数字化政务，未来趋向于智能化、数智治理"。数字政府作为数字技术发展下的一种新型组织模式，发达国家由于其先进成熟的信息技术，使得每个发展研究阶段均领先于中国。国内研究热点更为聚焦、简洁。具体如下：

（一）中文文献研究热点演进分析

图 3－7 展示了中文文献近 20 年研究热点的演化过程。主要关键词为领域内重要程度高，并且贯穿于近 20 年间的研究中。

第一阶段 2003～2008 年的研究热点为电子信息的基础建设，主要关键词包括：自 2003 年出现在文献中的"电子政务""公共服务""政府网站""公共管理""地方政府"；第二阶段 2008～2013 年研究热点为顶层设计和政务方面的信息化改革，主要关键词包括：自 2009 年出现在文献中的"政府治理"，2012 年出现的"智慧城市""政务微博""政民互动"，2013 年出现的"政务服务""数据开放""大数据""政府数据"；第三阶段 2014～2019 年研究热点为政府实际作出数字化转变，主要关键词包括：2014 年出现在文献中的"数字政府"，2015 年出现的"互联网＋""智慧政府"，2016 年出现的"数据治理""数据共享"，2017 年出现的"数字治理"，2018 年出现的"区块链"，2019 年出现的"数字经济"，2020 年出现的"数字中国"；第四阶段 2020 年以来热点为数字技术化、智能化，主要关键词包括：2021 年出现的"技术赋能"和 2021 年出现的"数智治理"。

研究热点发展情况与实际情况相符。通过观察近 20 年内主要关键词发展方向整体是由"电子政务"转向了"数字政府"，领域内也只有"电子政务"和"数字政府"这两个词中心性数值高于 0.1。第一阶段搭建信息技术设施，第二阶段颁布相应改革政策，前两阶段相对艰难，进程相对缓慢；基础设施的日渐完备与改革实际进行，第三阶段数字化政府初显成果；随着 2020 年初新冠疫情的出现，对政务服务的数字化要求进一步提升，间接加速第四阶段的形成，迈向智能化的发展方向。

（二）外文文献研究热点演进分析

图 3 - 8 展示了外文文献近 20 年研究热点的演化过程。主要关键词为领域内重要程度高，并且贯穿于近 20 年间的研究中，根据领域内的研究热点间的联系与更替，分析领域内关键词演化过程。

第一阶段 2003 ~ 2008 年的研究热点为政府数字化的形成与发展，主要关键词包括：自 2003 年出现在文献中的"信息技术（information technology）""电子政府（electronic government）""地方政府（local government）""电子商务（electronic commerce）"，自 2004 年出现在文献中的"e-government"，自 2005 年出现在文献中的"因特网（Internet）""新事物（Innovation）""数字鸿沟（digital divide）""美国（United States）"，自 2006 年出现在文献中的"信息系统（information system）"，自 2007 年出现在文献中的"政策（policy）"，自 2008 年出现在文献中的"电子商务（e-commerce）""服务质量（service quality）"。

第二阶段 2009 ~ 2014 年研究热点为数字政府运行中对公众带来的效用与其满意程度，主要关键词包括：自 2009 年出现在文献中的"电子政务服务（e-government service）""技术采纳模型（technology acceptance model）""进化（evolution）"，自 2010 年出现在文献中的"社交媒体（social media）""电子病历（electronic health record）""电子病历（electronic medical record）"，自 2011 年出现在文献中的"公民信任（citizen trust）"，自 2012 年出现在文献中的"公共价值（public value）""行政公开（open government）"，自 2013 年出现在文献中的"可持续发展（sustainable development）""互联网使用（Internet use）"，自 2014 年出现在文献中的"公众参与（public participance）"。

第三阶段 2015 ~ 2022 年研究热点为智能化信息技术在政府数字变革中的应用，主要关键词包括：自 2015 年出现在文献中的"信息与通信技术（information and communication technology，ict）""大数据（big data）"，自 2016 年出现在文献中的"智能城市（smart city）""中国（China）"，自 2017 年出现在文献中的"电子政务应用（e-government adoption）""逆向物流系统（reverse logistics）"，自 2019 年出现在文献中的"经济增长（economic growth）""数字化转型（digital transformation）""机械学习（machine learning）"，自 2020 年出现在文献中的"人工智能（artificial intelligence）""循环经济（circular economy）"。其中 2021 年与 2022 年及其后续发展是否形成新的研究阶段尚不明确，自 2020 年出现在文献中的"缓和作用（moderating role）""制度质量（institutional quality）"，研究热点再次出现对数字政府满意度的评判，自 2022 年出现在文献中的"新冠疫情（covid-19 pandemic）"，新型冠状病毒对于在数字政府研究领域形成研究热点。

研究热点发展情况与实际情况相符。世界先进国家中对于信息技术基础设施的研究较早，在 2003 年已经开始将数字政府这一概念落地，同时注意到英文中的数字政府主要出现了三种形式，包括"电子政府（electronic government）""电子政务（e-government）""数字政府（digital government）"。第一阶段为电子信息和政务服务改革基础上政府数字化的形成与发展，第二阶段为数字政府日渐完备，对其效应的评估有助于其继续发展，第三阶段为信息技术的最新研制成果为数字政府的赋能，包括大数据、机器学习和人工智能等，数字政府迈向智能化的发展方向。

（三）中外文研究热点凸显比较

图 3-9 展示了数字政府研究领域中外文前 25 个研究热点凸显情况。其中左侧为中文文献的情况，右侧为外文文献情况，中外文关键词研究跨度均为 2003~2022 年。

中文"电子政府"这一关键词对应英文的"electronic government"，其至少在 2003 年前已经凸显，且在中外文文献中突显分别在 2009 年和 2010 年结束，中文文献突显的关键词在 2012 年产生了明显的更迭，中文突显关键词变为"顶层设计""云计算""政务微博""公共管理""电子治理"等，表现出中国政府在 2012 年后开始对数字化变革的强调，领域内中文文献在此时对数字政府的研究快速增加，主要分为信息技术和政务服务的应用两方面展开。而外文文献中凸显关键词的更迭是持续性的，没有产生明显的节点，外文文献中有关技术支持的关键词"web"在 2006 年

关键词	年份	强度	开始年份	结束年份	2003~2022年
电子政府	2003	10.9	2003	2009	
对策	2003	10.26	2003	2011	
电子政务	2003	10.78	2004	2006	
信息资源	2004	10.39	2004	2010	
知识管理	2004	9.69	2004	2009	
绩效评估	2004	8.73	2006	2010	
信息社会	2003	11.81	2012	2015	
公共管理	2003	10.97	2012	2014	
云计算	2010	9.66	2012	2014	
网络舆情	2012	7.5	2012	2014	
政务微博	2012	12.69	2013	2017	
顶层设计	2009	7.57	2013	2017	
电子治理	2005	14.14	2014	2016	
公共服务	2003	12.13	2014	2016	
政务微信	2014	9.31	2014	2016	
大数据	2013	15.85	2015	2022	
互联网+	2015	26.46	2016	2019	
政务服务	2013	26.11	2016	2022	
政府治理	2009	14.39	2016	2022	
数据开放	2013	8	2016	2022	
数字治理	2017	28.79	2018	2022	
数据治理	2016	16.6	2018	2022	
人工智能	2012	7.11	2018	2022	
数字政府	2014	110.52	2019	2022	
数字中国	2020	6.95	2020	2022	

关键词	年份	强度	开始年份	结束年份	2003~2022年
electronic government	2003	7.95	2003	2010	
local government	2003	6.03	2003	2007	
privacy	2003	7.38	2004	2015	
usage	2004	5.42	2004	2009	
public management	2005	7.17	2005	2013	
law	2005	5.6	2005	2013	
web	2006	8.96	2006	2014	
issue	2006	5.95	2006	2014	
web site	2007	6.49	2007	2012	
e-commerce	2008	7.44	2008	2012	
information system	2006	6.88	2010	2013	
e-government research	2012	6.08	2012	2016	
open government	2012	5.14	2012	2018	
Mclean model	2011	4.84	2015	2016	
technology adoption	2008	5.1	2016	2020	
determinant	2003	5.79	2017	2018	
Twitter	2017	5.06	2017	2020	
unified theory	2017	5.04	2017	2019	
public value	2012	4.87	2018	2022	
big data	2015	5.62	2019	2022	
panel data	2019	5.56	2019	2022	
digital transformation	2019	5.3	2019	2022	
mental health	2017	7.08	2020	2022	
smart city	2016	5.91	2020	2022	
economic growth	2019	5.61	2020	2022	

图 3 – 9 领域内中外文关键词凸显变化与比较

已经凸显，有关应用的关键词"open government"在 2012 年已经凸显，这说明我国对数字政府领域的开始着力研究的时间点晚于当时世界先进水平的国家 6 年左右。

但是从 2016 年开始，领域内我国的研究热点逐渐丰富，凸显关键词包括"数据开放""政府治理"等，体现着其侧重技术在政务服务方面的落地，2018 年出现了一些例如"数字治理""数据治理"的热点关键词，直到 2022 年末其依然为研究热点，并且是未来依然值得研究的方向。而领域内外文文献的研究热点自 2015 年开始更迭较慢，并且未能在凸显的关键词中找到明确的研究方向，直到 2020 年出现"smart city"和"economic growth"等至今仍未研究热点的关键词。这说明我国虽然在数字政府领域的研究开始时间落后于世界先进研究水平，但是随着国家在顶层设计层面重视程度增加，目前在其应用阶段已经追赶上甚至超越其他国家的研究水平。

二、中外研究聚类分析比较

对研究领域中外文献的关键词进行聚类，宏观分析聚类图谱（Cluster View）的模块与解析各模块的构成。选择对数似然比（Log – Likelihood

Ratio，LLR）算法为每个关键词赋值，多个相关的关键词构成一个模块，其中被赋最大值的关键词将选为该模块的代表，以其作为模块的标签，模块标签的标号数字越小，该模块中包含的关键词越多，其被认为是领域内关键研究方向。并加以时间条件，通过颜色将时间大致分为两段，研究前10 年（2003～2012 年）由灰色表示，研究近 10 年（2013～2022 年）由彩虹色表示。

通过聚类模块值（Modularity Q）和聚类平均轮廓值（Mean Silhouette）判断聚类效果，一般认为当聚类模块值大于 0.3 时聚类结构显著，聚类平均轮廓值大于 0.5 时聚类合理。中外文聚类图的聚类模块值分别为0.4483 和 0.3219，中外文的聚类平均轮廓值分别为 0.7744 和 0.6801，说明中外文的聚类分析图聚类模块结构显著，聚类结果合理。

（一）中外文关键词聚类图

对数字政府中外文献初步进行聚类分析（见图 3-10）。中文文献的关键词聚类结果图展示了 12 个可观聚类模块。其中模块 0 "电子政务"和模块 3 "政府网站"为代表的 6 个模块中关键词活跃时间集中在研究前10 年，模块 2 "公共管理"和模块 7 "大数据"中关键词活跃时间集中在2014 年前后，模块 4 "政务服务"和模块 10 "信息沟通"中关键词活跃时间集中在 2017～2019 年，模块 1 "数字政府"和模块 11 "企业创新"中关键词活跃时间集中在 2020～2022 年。其中除模块 11 "企业创新"外，模块间普遍出现重叠，说明研究领域内关键词相关性较强。

外文文献的关键词聚类结果展示了 6 个可观聚类模块，模块间普遍出现重叠，说明研究领域内关键词相关性较强。根据观察除模块 5 "国家安全局监控项目（national security agency surveillance program）"外，其余 5个模块其关键词活跃时间均集中在近 10 年（2013～2022 年），其中模块3 "社交媒体（social media）"和模块 4 "经济增长（economic growth）"中关键词活跃时间集中在 2013～2015 年，模块 1 "电子政务服务（e-government service）"和模块 2 "公共部门（public-sector）"中关键词活跃时间集中在 2017～2019 年，模块 0 "系统综述（systematic review）"中关键词活跃时间集中在 2017～2019 年。

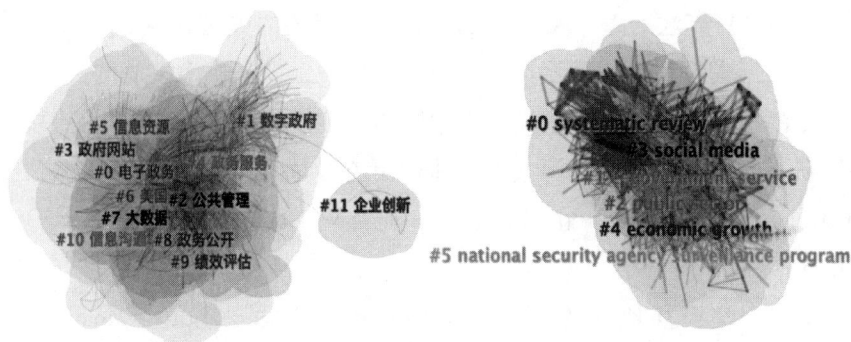

图 3 - 10 中外文文献静态聚类视图对比

（二）中文文献关键词聚类构成分析

表 3 - 6 展示了中文关键词聚类的构成。其中模块 0 "电子政务" 与模块 1 "数字政府" 为研究领域内最为关键且互为补充的关键词，在文献梳理后发现近年来数字政府这一概念正在取代电子政务，在数字化快速发展的背景下，数字政府这一概念被认为是能够包含电子政务。模块 6 "美国" 中相关的关键词为 "中国" 和 "创新"，美国为数字政府发展最快的国家，其在该领域内创新力是值得研究的，领域内中文文献将其作为研究对象，汲取数字政府先进经验应用于中国。在前文中被认为与其他模块相关度较低的模块 11 "企业创新"，其中包括关键词 "传统企业" "政府补助"。

表 3 - 6 　　　　　　　中文文献关键词聚类模块构成

序号	标签	除模块标签外关键词代表
0	电子政务	数字政府、元数据、政务信息资源
1	数字政府	电子政务、数字治理、政府治理、数据治理
2	公共管理	政务微博、公共服务、智慧城市、云计算
3	政府网站	信息公开、信息服务、电子政府
4	政务服务	互联网＋、行政审批、数据共享、人工智能
5	信息资源	信息共享、信用、资源共享
6	美国	中国、地方政府、创新、信息政策
7	大数据	信息共享、信息孤岛、知识管理、信息系统

续表

序号	标签	除模块标签外关键词代表
8	政务公开	协同政务、可视化、知识图谱、行政管理
9	绩效评估	服务能力、北京市、电子政务服务
10	信息沟通	网络空间治理、区域政府、信息内容
11	企业创新	传统企业、政府补助、数字化政府

其他模块多集中于数字对政府行政事务管理和享受政府服务主体的研究。模块 4 中的"行政审批"和模块 8 中的"协同政务"等，行政事务数字化使多部门间政务协同、流程高效，无论是对提供政务服务的工作人员还是到政府办理事务的主体都带来了巨大便利；例如模块 10 中的"网络空间治理"等，网络空间不是法外之地，政府数字化发展有利于政府对网络的整治与对网络中违法行为的打击；例如模块 2 中的"政务微博"和模块 3 中的"信息公开"等，政务信息的公开将便于政府接受监督。

（三）外文文献关键词聚类构成分析

表 3-7 展示了外文关键词聚类聚类的构成。标签数字位于前列的模块包含了最多的领域内文献关键词，模块 0 "系统综述（systematic review）"和模块 1 "电子政务服务（e-government service）"即为领域内包含最多相关关键词模块，二者作为领域研究中心，说明数字政府领域外文文献以系统性描述为主，其中模块 0 中相关关键词有"范围审查（scoping review）""个人助理（personal assistance）"，模块 1 中相关关键词有"采用电子政务服务（e-government service adoption）""用户验收（user acceptance）"，说明数字政府在宏观和微观层面的研究并驾齐驱，相关关键词中还有"电子病历（electronic health record）"和"技术采纳模型（technology acceptance）"，数字政府以信息技术为发展的产物，其发展离不开技术的支撑。

其他模块可以归纳为对数字政府的技术使用和应用效果的研究。模块 3 "社交媒体（social media）"中的相关关键词有"数字营销公司（digital age）""智慧城市（smart city）"，是将数字政府所应用的信息技术具体化到社交媒体展开研究。模块 2 "公共部门（public sector）"、模块 4

"经济增长（economic growth）"和模块 5 "国家安全局监控项目（national security agency surveillance program）"是从细分的角度研究了数字政府的应用与效果，其中相关关键词有"公务员（public servant）"、"公共价值视角（public value perspective）"和"公众舆论（public Opinion）"等。

表 3 – 7 外文文献关键词聚类模块构成

序号	标签	除模块标签外关键词代表
0	系统综述（systematic review）	范围审查（scoping review），电子健康记录（electronic health record），个人协助（personal assistance）
1	电子政务服务（e-government service）	用户接受（user acceptance），技术接受（technology acceptance），电子政务服务采集（e-government service adoption）
2	公共部门（public sector）	电子政务发展（e-government development），电子政务研究（e-government research），公务员（public servant）
3	社交媒体（social media）	数字时代（digital age），社交媒体使用（social media use），公众参与（public engagement），智慧城市（smart city）
4	经济增长（economic growth）	公共价值视角（public value perspective），电子设备（electronic equipment），欧洲国家（European countries），电子政务服务（e-government services）
5	国家安全局监控项目（national security agency surveillance program）	多元方法（multi-method approach），舆论（public opinion），政府监视（government surveillance），头部损伤（head injury）

本书将"电子政务"和"数字政府"视为随时间推移的专业名词转换，即时代赋予其新的含义。标签数字位于前列的模块包含了最多的领域内文献关键词。近年来，模块 1 "数字政府"、模块 4 "政务服务"、模块 11 "企业创新"是数字政府中文文献的研究热点；外文文献中模块 0 "系统综述（systematic review）"和模块 1 "电子政务服务（e-government service）"是数字政府领域研究的中心，相比于而言外文文献中关键词聚类的类别少于中文文献，因此认为数字政府外文研究更倾向于对数字政府"系统性描述"与数字政府在实际政务服务中的应用。

第五节　本章小结

本书对中外数字政府研究的创新轨迹进行对比分析，研究结果发现中外研究在现状、内容、演进与未来趋势等方面都呈现出一定的差异与联系。本书认为"电子政务"和"数字政府"视为随时间推移的专业名词转换，即数字时代赋予其新的含义。我国数字政府研究虽然起步相对落后，但随着近年来国家制度政策支持，呈现国内百花齐放，国际学术影响力领先的态势。在数字政府研究的前沿领域与未来研究展望方面，从中外研究的综合趋势来看，数字技术赋能、政务公开、政务服务升级、数字治理、数据共享与安全、多主体协同治理等问题是共同关注的前沿方向。数字政府治理是一个复杂、多元的社会生态系统，仍需不断深化整体、系统的数字政府理论体系框架。

此外，本书仍存在着一定的局限性：一是基于文献质量的考量，本书在文献选择时，分别选取选择了 WOS 中 SSCI 来源期刊以及 CNKI 中 CSSCI 来源期刊作为研究对象，虽然数据源具有一定的代表性，但是其覆盖范围和针对性还略有欠缺；二是以关键字为评判标准，存在着一些不足，没有结合整篇文章来加以剖析。未来研究中，可以将重点放在优化数据源和数据筛选标准上，针对所有来源期刊做相关文献的计量学分析，并结合文书挖掘技术对文献的研究内容进行分析，从而进一步提高研究质量。

第四章

我国数字政府发展现状与
典型国家模式比较

　　虽然我国数字政府建设成效显著，但与丹麦、韩国、美国等数字政府建设先进国家仍有一定差距。已有学者对外国数字政府实践进行研究，并为我国数字政府建设提出经验借鉴，例如日本"绿色联动"战略（杨达和林丽，2021）；英国"数字政府即平台""以用户为中心""多元主体协作方式"（林梦瑶等，2019；辛璐璐，2021）；美国"设立首席信息官（CIO）职位""实施国家大数据战略"（姚水琼和齐胤植，2019）；"数字丹麦"实践"公民无国界"的理念、政企社共同参与，公共服务"无处不在"（徐国冲和吴筱薇，2021）等。然而，目前研究多集中于单案例研究，覆盖多个国家典型案例比较的研究较少，尤其是缺少与我国数字政府建设的比较研究。

　　基于此，本章将先总结当前国内外有关数字政府建设的相关评估指数，并运用所构建的评价体系以及实际调研，对我国数字政府建设现状进行分析。同时，通过梳理总结国内外相关政策战略（详见附录一），例如英国《政府转型战略（2017－2020年）》、日本《数字管理实行计划》、欧盟《2030数字指南针：数字十年的欧洲方式》等，并进行多案例比较分析，为我国数字政府建设中的政策制定与实践应用提供有效的借鉴依据。

第一节　数字政府建设的评价体系

　　本书将整理并分析比较国内外有关数字政府建设的相关评估指数，例如联合国电子政务发展指数（EDGI）、早稻田大学国际数字政府评估指标体系、布朗大学电子政务绩效评估指标等，以及中央党校（国家行政学院）公布的网上政务服务能力体系；清华大学公共管理学院的《2020 数字政府发展指数报告》《2022 年中国政府网站绩效评估报告》；工信部中国软件评测中心《2022 年数字政府服务能力评估指标体系》；腾讯研究院、赛迪评估等国内研究机构颁布的权威评估报告（详见附录二）。此外，国内部分省份主要机构也对其数字政府建设构建相关评估指标体系。

梳理相关学术研究，例如赵金旭、赵娟和孟天广（2022）基于 OPCE 理论框架，原创性提出了数字政府发展的评估指标体系；王益民（2020）将其分为数字基础准备度、数字环境支撑度、数字服务成熟度、数字协同治理度、数字公众参与度和数字技术使用度。也有学者基于公共价值（张丽和陈宇，2021）、网络安全（杨鹏飞等，2021）等视角构建数字政府评价体系（见表 4 – 1）。

表 4 – 1　　　国内外学者关于数字政府相关评估指标体系

名称	理论视角/主要维度	指标构成	来源
电子政务绩效评估体系研究	国内第一篇有关"互联网＋政务"绩效评估的文章，指出当时政府网站正向着"在线服务 2.0"进行转变，更加注重"用户体验"	指标体系包括 4 个主要方面，分别是信息公开、在线服务、公众参与、用户体验四个方面。所占权重分别为 3：3.5：2：1.5	（李鑫，2015）
数字政府发展的评估指标体系	基于组织机构、制度体系、治理能力和治理效果四个维度构建了数字政府发展 OPCE 理论框架，原创性提出了数字政府发展的评估指标体系	数字政府发展指标体系由 4 个一级指标、12 个二级指标、65 个三级指标构成	（赵金旭，赵娟和孟天广，2022）
数字政府的评估体系	分析新技术应用推进政府数字化转型的发展，从提升政府内部效率到改进业务流程，改善公众参与和创新公共价值，提出了数字政府的四个显著特征：政府即平台、创新公共价值、用户驱动的服务设计和数据治理与协同。构建数据驱动的数字政府，包括数字政府的核心、数字政府的基础、数字政府的价值、数字政府的关键和数字政府的实现	数字政府的评估体系分为数字基础准备度、数字环境支撑度、数字服务成熟度、数字协同治理度、数字公众参与度和数字技术使用度	（王益民，2020）

续表

名称	理论视角/主要维度	指标构成	来源
以公共价值为基础的数字政府绩效评估概念框架	以公共价值为核心提高我国数字政府评估维度，但与国内数字政府发展语境联系不紧密	将我国的数字政府划分为数字行政、数字服务、数字公民和数字社会四个维度，并依据公共价值的行为性、公民性、服务性和社会性，细化了数字政府在上述四个维度中的测量指标	（张丽和陈宇，2021）
数字政府网络安全指数评估指标体系	通过研究已有网络安全相关保障框架和能力评估模型，提出数字政府网络安全保障架构体系，并在此基础上提出了全国首个体系化、可落地的省级数字政府网络安全指数评估指标体系	从安全管理、安全建设、安全运营和安全效果4个方面对数字政府网络安全现状进行客观评价	（杨鹏飞等，2021）

资料来源：笔者根据相关内容整理所得。

研究发现：国内外对数字政府建设的评估指标构建有所不同——国外评估体系大多采用两层指标结构，而国内评估体系倾向于设置三层指标结构，这可能与评估目的和对象有关。国外的评估对象多以国家为单位，关注较为宽泛和宏观的概念，侧重于对各国政府数字化转型情况的"讲述"。但国内的评估对象多为省市级政府，部分会涉及区级政府，以评促建是实施评估的重要目的，为此，从评估目标出发，建立颗粒度较细的评估指标体系成为主流。总体而言，评估框架的第一层列明评估的主要维度和方向，第二层为基本指标，说明评估的策略目标，第三层则为细分具体指标。

基于此，本书在梳理归纳以上评价体系的基础上，结合数字政府治理理论体系构建等相关研究，拟初步构建为"政务服务能力（线上、线下）、制度支撑、制度创新、财政支持、协同治理能力、数据共享与安全、基础设施建设、环境因素"8个一级指标（见表4-2）。其中，线上政务服务能力的二级指标来源于中央党校（国家行政学院）电子政务研究中心发布《省级政府和重点城市一体化政务服务能力调查评估报告（2021）》。

表 4 - 2 数字政府建设评价体系

一级指标	二级指标
线上政务服务能力	服务成效度"好差评制度建设"
	办理成熟度
	方式完备度
	事项覆盖度
	指南准确度
线下政务服务能力	智能化自助设备完备度
	"只交一次材料"等便捷政务落实度
	政务应用场景搭建
	"线上+线下"政务深度融合度
制度支撑	顶层设计
	政策颁布
	领导重视程度
制度创新	治理模式创新
	治理理念创新
	公众接受度
财政支持	中央地方等政府拨款
	专项基金设立
	企业等第三方资助力度
协同治理能力	政府鼓励支持力度
	企业重视程度与参与度
	高校等第三方参与度
	公民数字参与能力
数据共享与安全	政务公开
	数据价值化
	数据安全
基础设施	数字基础设施完善度
	传统基础设施完善度
	数字人才储备量
	技术创新能力

续表

一级指标	二级指标
环境因素	省际竞争水平
	数字经济发展水平

资料来源：笔者根据相关资料整理所得。

第二节　我国数字政府建设现状分析与演进历程

一、我国数字政府建设的重要意义

（一）数字政府建设是建设数字中国的重要支撑

加快我国数字经济、数字社会建设，营造良好的数字生态，亟须加快提高数字政府建设水平。一是充分发挥市场在资源配置中的决定性作用、更好发挥政府作用关系的需要。主要是解决好"有效市场""有为政府"的关系，加快建设和谐社会；二是以政府数字化改革促进政府数字化转型，带动企业数字化转型和全社会数字化转型；三是在着力优化传统营商环境的基础上，进一步优化数字营商环境，推动整体营商环境向更宽领域、更高水平跃升。

（二）数字政府建设是全面数字化发展的基础性、先导性工程

一是加强顶层设计，在"数字中国"建设整体框架下，有序推动数字经济、数字社会和数字生态健康发展；二是建立健全数据要素市场，积极营造开放、公平、公正、非歧视的数字发展环境；三是规范数字经济发展，促进发展与监管规范相结合，营造规范有序的政策环境，促进辽宁全面数字化发展。

（三）数字政府建设有利于提高数字经济治理体系和治理能力现代化水平

一是数字政府作为一种政府治理模式创新，将实现政府业务协同高效、数据流转通畅、公共服务便捷、安全保障可管可控的目标；二是数字

政府建设深化"放管服"改革、促进"数字化"改革，加快数字政府向更高水平发展；三是提高数字政府的治理效率，加快推动"以政府为中心"的政务服务向"以人民为中心"的政务服务转型；四是提高数字政府建设水平，将数字技术广泛应用于政府管理服务，推动政府治理流程再造和模块优化，不断提高决策科学性和服务效率。

二、我国数字政府建设的主要进展

据《2022 联合国电子政务调查报告》显示，我国电子政务发展指数从 2020 年的 0.7948 提高到 2022 年的 0.8119，5 年内世界排名从第六十五名提升到第四十三名，取得历史新高，进入全球电子政务发展"非常高"的水平。其中，衡量国家电子政务发展水平核心指标——在线服务指数 OSI（0.8876）达到了非常高水平，排名从 62 位上升到 15 位，近两年稳定在世界第一梯队；电信基础设施指数 TII（0.805）从 2020 年的高水平升至非常高水平，而人力资本指数 HCI（0.7429）为高水平（见表 4 - 3）。

表 4 - 3 　　　　　　　　各国电子政务发展指数排名

国家	2018 年	2020 年	2022 年
中国	0.6811（65）	0.7948（45↑）	0.8119（43↑）
丹麦	0.9150（1）	0.9758（1）	0.9717（1）
芬兰	0.8815（6）	0.9452（4↑）	0.9533（2↑）
韩国	0.9010（3）	0.9560（2↑）	0.9529（3↓）
瑞典	0.8882（5）	0.9365（6↓）	0.9410（5↑）
澳大利亚	0.9053（2）	0.9432（5↑）	0.9405（7↓）
荷兰	0.8757（13）	0.9228（10↑）	0.9384（9↑）
美国	0.8769（11）	0.9297（9↑）	0.9151（10↓）
英国	0.8999（4）	0.9358（7↓）	0.9138（11↓）
新加坡	0.8812（7）	0.9150（11↓）	0.9133（12↓）
日本	0.8783（10）	0.8989（14↓）	0.9002（14）

资料来源：2018~2022 年《联合国电子政务发展指数》。

这与我国高度重视数字政府建设密不可分。主要体现在：一是积极进行体制机制改革，成立数字政府专项领导小组或大数据局等管理机构。二是重视顶层设计，密集出台了一系列政策战略与制度立法（见表4-4），涉及数字技术应用、政务服务升级、数据共享和安全等方面，例如《国务院关于加强数字政府建设的指导意见》等，为数字政府的规范建设、深度发展、优化运行提供了制度层面的保障。三是全国范围的一体化政务服务平台基本建成，"放管服"改革不断优化，加快推进"新基建"基础设施建设等。四是探索治理模式创新，"多主体协同共建"的新型数字政府治理模式初步达成共识。五是全国各地纷纷开展的数字政府治理工作，以创新助推政府数字化转型。例如浙江建设"一体化数字资源系统（IRS）"；广东建立首席数据官制度；山东打造"无证明城市"；贵州"七朵云"工程等。

表4-4 我国数字政府相关政策和指导意见梳理

文件名称/会议讲话	相关表述	日期
《促进大数据发展行动纲要》	大数据已成为稳增长、促改革、调结构、惠民生和推动政府的政府治理能力现代化的必然选择。围绕服务型政府建设，在公用事业、市政管理、城乡环境、农村生活等领域全面推广大数据应用	2015年8月
《中华人民共和国国民经济和社会发展第十三个五年规划纲要》	实施国家大数据战略，推进数据资源开放共享；深化行政管理体制改革，加快政府职能转变，持续推进简政放权、放管结合、优化服务，提高行政效能，激发市场活力和社会创造力；完善社会治理体系，提升政府治理能力和水平，创新政府治理……	2015年11月
网络安全和信息化工作座谈会	加快信息化服务普及，降低应用成本，为老百姓提供"用得上、用得起、用得好"的信息服务	2016年4月
《关于在政务公开工作中进一步做好政务舆情回应的通知》	建立与宣传、网信等部门的快速反应和协调联动机制，加强与有关媒体和网站的沟通，扩大信息的传播范围	2016年7月
《国家信息化发展战略纲要》	提高政府信息化水平。完善部门信息共享机制，建立国家治理大数据中心。加强经济运行数据交换共享、处理分析和监测预警，增强宏观调控和决策支持能力	2016年7月

续表

文件名称/会议讲话	相关表述	日期
《政务信息资源共享管理暂行办法》	用于规范政务部门间政务信息资源共享工作，包括因履行职责需要使用其他政务部门政务信息资源和为其他政务部门提供政务信息资源的行为	2016 年 9 月
《关于加快推进"互联网＋政务服务"工作的指导意见》	2017 年底前，各省（区、市）人民政府、国务院有关部门建成一体化网上政务服务平台。2020 年底前，建成覆盖全国的整体联动、部门协同、省级统筹、一网办理的"互联网＋政务服务"体系	2016 年 9 月
中共中央政治局第三十六次集体学习	以推行电子政务、建设新型智慧城市等为抓手，以数据集中和共享为途径，建设全国一体化国家大数据中心	2016 年 10 月
《关于全面推进政务公开工作的意见》	推进网站集约化建设，将没有人力、财力保障的基层网站迁移到上级政府网站技术平台统一运营或向安全可控云服务平台迁移。打通各地区各部门政府网站，加强资源整合和开放共享，提升网站的集群效应，形成一体化的政务服务网络	2016 年 11 月
《关于印发"互联网＋政务服务"技术体系建设指南的通知》	围绕"互联网＋政务服务"业务支撑体系、基础平台体系、关键保障技术、评价考核体系等方面，提出了优化政务服务供给的信息化解决路径和操作方法	2017 年 1 月
党的十九大报告	加强应用基础研究，为建设科技强国、网络强国……数字中国、智慧社会提供有力支撑	2017 年 10 月
中共中央政治局第二次集体学习	"推动实施国家大数据战略，加快完善数字基础设施，推进数据资源整合和开放共享，保障数据安全，加快建设数字中国。"要运用大数据提升国家治理现代化水平。推进政府管理和社会治理模式创新，实现政府决策科学化、社会治理精准化、公共服务高效化。以推行电子政务、建设智慧城市等为抓手……统一接入的数据共享大平台，构建全国信息资源共享体系，实现跨层级、跨地域、跨系统、跨部门、跨业务的协同管理和服务	2017 年 12 月
《进一步深化"互联网＋政务服务"推进政务服务"一网、一门、一次"改革实施方案》	按照政务服务"一网通办"的要求，加快建设国家、省、市三级互联的网上政务服务平台体系，推动政务服务"一次登录、全网通办"，大幅提高政务服务便捷性	2018 年 6 月

文件名称/会议讲话	相关表述	日期
《关于加快推进全国一体化在线政务服务平台建设的指导意见》	加快建设全国一体化在线政务服务平台，推进各地区各部门政务服务平台规范化、标准化、集约化建设和互联互通，形成全国政务服务"一张网"	2018 年 7 月
《电子政务电子认证服务质量评估要求》	从电子认证业务规则管理、数字证书服务、应用集成服务、信息服务、使用支持服务和安全管理与服务保障等方面进行服务能力的评价	2018 年 12 月
《政府网站与政务新媒体检查指标、监管工作年度考核指标》	加强和完善政府网站及政务新媒体日常管理和常态化监管工作。国务院办公厅将每半年对全国政府网站及政务新媒体运行情况进行抽查，每年度对有关监管工作进行考核，抽查和考核结果将予以公开通报	2019 年 4 月
中共中央政治局第十八次集体学习	探索"区块链+"在民生领域的运用，积极推动区块链技术在教育、就业、养老、精准脱贫、医疗健康、商品防伪、食品安全等领域的应用，为人民群众提供更加智能、更加便捷、更加优质的公共服务	2019 年 10 月
《国家政务信息化项目建设管理办法》	规范国家政务信息化建设管理，推动政务信息系统跨部门跨层级互联互通、信息共享和业务协同，强化政务信息系统应用绩效考核	2019 年 12 月
杭州城市大脑运营指挥中心考察调研	运用大数据、云计算、区块链等前沿技术推动城市管理手段、管理模式、管理理念创新，从数字化到智能化再到智慧化，让城市更聪明一些、更智慧一些是推动城市治理体系和治理能力现代化的必由之路	2020 年 3 月
《2020 年政府工作报告》	支持新业态新模式健康发展，激活消费市场带动扩大就业，打造数字经济新优势；坚持包容审慎监管，发展平台经济、共享经济，更大激发社会创造力	2020 年 5 月
《关于加快推进政务服务"跨省通办"的指导意见》	建立权威高效的数据共享协调机制，明确数据共享供需对接、规范使用、争议处理、安全管理、监督考核、技术支撑等制度流程，满足"跨省通办"数据需求	2020 年 9 月
二十国集团领导人第十五次峰会第一阶段会议	要为数字经济营造有利发展环境，加强数据安全合作，加强数字基础设施建设，为各国科技企业创造公平竞争环境。同时，要解决数字经济给就业、税收以及社会弱势群体带来的挑战，弥合数字鸿沟	2020 年 11 月

续表

文件名称/会议讲话	相关表述	日期
《关于进一步优化地方政务服务便民热线的指导意见》	各地区建立统一的12345热线信息共享规则，加快推进各级12345热线平台与部门业务系统互联互通和信息共享，向同级有关部门实时推送受理信息、工单记录、回访评价等所需的全量数据	2021年1月
《中华人民共和国国民经济和社会发展第十四个五年规划和2035年远景目标纲要》（"十四五"规划）	"加快数字化发展建设数字中国"激活数据要素潜能，推进网络强国建设，加快建设数字经济、数字社会、数字政府，以数字化转型整体驱动生产方式、生活方式和治理方式变革。将数字技术广泛应用于政府管理和服务，推动政府治理流程再造和业务模式优化，加强公共数据开放共享，推动政务信息化共建共享，不断提高决策科学性和服务效率，提高数字化政务服务效能等	2021年3月
《国务院办公厅关于印发2021年政务公开工作要点的通知》	全面推行政府网站集约化建设，构建网上政府的数据底座，推动公开、互动、服务融合发展，推动更多政务服务事项网上办、掌上办、一次办，实现一网通查、一网通答、一网通办、一网通管	2021年4月
中共中央政治局第三十四次集体学习	要规范数字经济发展，坚持促进发展和监管规范两手抓、两手都要硬，在发展中规范、在规范中发展。要完善数字经济治理体系，健全法律法规和政策制度，完善体制机制，提高我国数字经济治理体系和治理能力现代化水平。数字经济事关国家发展大局，要做好我国数字经济发展顶层设计和体制机制建设	2021年10月
《"十四五"数字经济发展规划》	"持续提升公共服务数字化水平，提高'互联网＋政务服务'效能；健全完善数字经济治理体系，强化协同治理和监管机制，增强政府数字化治理能力，完善多元共治新格局"	2021年12月
2022年政府工作报告	加快转变政府职能……围绕打造市场化法治化国际化营商环境，持续推进"放管服"改革……加强数字政府建设，推动政务数据共享，扩大"跨省通办"范围，基本实现电子证照互通互认，便利企业跨区域经营……推进政务服务事项集成化办理	2022年3月
《关于加快推进政务服务标准化 规范化 便利化的指导意见》	设立2022年底与2025年底两阶段目标，政务服务标准化、规范化、便利化水平大幅提升，方便快捷、公平普惠、优质高效的政务服务体系全面建成	2022年3月

续表

文件名称/会议讲话	相关表述	日期
《关于加强数字政府建设的指导意见》	加强数字政府建设是创新政府治理理念和方式的重要举措，加快转变政府职能，构建"五大体系"：构建协同高效的政府数字化履职能力体系；构建数字政府全方位安全保障体系；构建科学规范的数字政府建设制度规则体系；构建开放共享的数据资源体系；构建智能集约的平台支撑体系	2022 年 6 月
《全国一体化政务大数据体系建设指南》	数据目录、数据资源、共享交换、数据服务、算力设施、标准规范、安全保障等方面进行体系建设	2022 年 9 月
党的二十大报告	拓宽基层各类群体有序参与基层治理渠道……完善网格化管理、精细化服务、信息化支撑的基层治理平台，健全城乡社区治理体系，及时把矛盾纠纷化解在基层、化解在萌芽状态。推动东北全面振兴取得新突破，提高中西部和东北地区开放水平	2022 年 10 月
《关于加快推进"一件事一次办"打造政务服务升级版的指导意见》	聚焦推进"企业"和"个人"全生命周期相关政务服务事项"一件事一次办"，打造政务服务升级版，更好满足企业和群众办事需求	2022 年 10 月
《关于扩大政务服务"跨省通办"范围进一步提升服务效能的意见》	改进网上办事服务体验，完善国家政务服务平台"跨省通办"服务专区，完善全国一体化政务服务平台移动端应用，推进证明证照查验、信息查询变更、资格认证、年审年报等更多简易高频事项"掌上办"	2022 年 10 月
《数字中国建设整体布局规划》	发展高效协同的数字政务。加快制度规则创新，完善与数字政务建设相适应的规章制度。强化数字化能力建设，促进信息系统网络互联互通、数据按需共享、业务高效协同。提升数字化服务水平，加快推进"一件事一次办"，推进线上线下融合，加强和规范政务移动互联网应用程序管理	2023 年 2 月

资料来源：根据国务院等政府公开资料搜集整理。

据第五十次《中国互联网络发展状况统计报告》显示，截至 2022 年 6 月，我国网民规模为 10.51 亿，互联网普及率达 74.4%，较 2021 年 12 月提升 1.4 个百分点，农村地区互联网普及率为 58.8%；据中央党校发布的《省级政府和重点城市一体化政务服务能力调查评估报告（2022）》显示，截至 2021 年底，全国一体化政务服务平台实名用户超过 10 亿人，国家政务服务平台注册用户超过 5 亿人，总使用量超过 620 亿次。

三、我国数字政府建设存在的主要问题

数字政府整体发展水平不均衡——不同区域经济发展水平和经济发展速度不同，导致各地方之间在政府与公众对数字政府建设的治理理念、数字化基础设施、数字政府治理人才、发展总体规划等多方面存在较大差距。具体表现如下：

（一）对数字政府建设的重要性认知程度不高

主要是政府内部对数字政府治理的认识不统一，一些部门仍保留"自上而下""科层制"传统治理观念，对数字政府建设的重要性程度不高，对"数字化改革"存在畏难情绪，治理模式创新性不足。同时，企业对于建设数字政府的意识淡薄，社会公众"数字化参与"热情不高，存在"政府热、企业冷"的问题。

（二）政务数字化基础设施建设急需升级

虽然在"网络强国""数字中国"等国家制度支撑下，我国各地数字化基础设施建设不断取得新进展。但大部分省市政务数字化基础设施支撑能力偏弱，与江苏、广东、北京、浙江等第一梯队的发达省份相比存在较大差距。新型数字基础设施规模偏小，支撑数字政府建设的跨部门、跨地区、跨层级的一体化政务平台建设尚显不足。对平台建设架构搭建、冗余系统整合、政务数据共享等数字技术创新运用存在较大考验。政务信息化建设治理碎片化、回应群众需求低等现象普遍存在。"集约共享"思维仍需增强，缺乏统筹规划的顶层设计。各地市、县区亦迫切期望自行立项建设急需的业务系统，存在各自为政、重复建设等问题。

（三）"数字共治"仍需落地

一是治理模式创新仍需探索完善。"政府主导＋多主体协同"的数字化治理模式在全国范围内初步建立，但广东、浙江等先进省份的模式是否广泛适用值得商榷。一些地方数字政府建设创新能力不足，急需解决对先进省份治理经验直接套用，加快探索适合区域发展、具有地方特色的治理模式。

二是政府、社会和市场之间"协同合作"水平仍需提升。由于权责不够清晰，重复交叉管理，政策衔接不畅等原因，导致政府间（G2G）、政府与企业间（G2B）以及政府与公众间（G2C）的互动共享程度低、业务协同效率不高。"政产学研"合作形式单一、重复繁杂、圈层化严重，产业侧、社会侧"倒逼"数字化改革能力薄弱，缺少头部数字企业及新业态新模式助力。

（四）数据共享开放"落地难"

尚未建立起上下贯通、横向联通的数据资源体系，多数数据资源分散，存在"数据孤岛"和数据安全隐患。对数据开放理解不到位，简单地"把数据开放等于信息公开"。数据开放"赶晚集"，更新周期过长，公示数据范围窄、规模小，数据标准差异性大。数据利用率低，数据产权尚不明确，隐私保护等亟须解决和改善。"制度先行、实践落后"的现象较为严重，尚未构建全方位的数字政府安全技术保障体系。数字政府建设领域关键信息基础设施保护较为薄弱，自主可控水平偏低，缺乏安全可靠技术和产品应用等。

四、我国数字政府建设发展阶段

政策环境及政策供给是数字政府建设及发展过程中的关键因素。我国数字政府的发展情况需要厘清电子政务到数字政府建设的基本发展脉络（刘学涛，2022）。梳理现有文献，整理数字政府相关阶段划分如下：《数字政府发展趋势与建设路径研究报告（2022年）》从国家层面出台的重大政策、重大举措将我国政府信息化大致划分为三个时期：政府信息化起步期（1993～2002年）、电子政务时期（2002～2019年）和数字政府时期（2019年至今）。孟天广等（2021）通过梳理政策文件，根据不同阶段的发文数量、政策目标、内容主题等要素将数字政府改革实践划分为初步兴起（2011～2016年）、快速发展（2016～2018年）与全国推广（2018年至今）这三个阶段。孟庆国、严妍和赵国栋（2022）在《政务元宇宙》一书中提出数字政府建设和发展划分为四个阶段：电子化政务阶段、网络化政务阶段、数字化政务阶段和智能化政务阶段，并正进一步拓展到第五个阶段，即元宇宙政务阶段。韩兆柱和赵洁（2022）从公共管理学术研究视角将其分为概念引介（2001~2010 年）、理论溯源（2010~2017 年）和深化发展（2018 年至今）三个阶段，且现在正处于数字政府深化发展阶段。

一些学者聚焦于改革开放以来，从政府信息化阶段开始。例如黄璜（2021）从政策演变视角将我国数字政府发展分为："政府信息化"阶段（20 世纪 70 年代后期至 2002 年）、"电子政务"阶段（2002~2017 年）和"数字政府"阶段（2018 年至今）。刘学涛（2022）提出，电子政府阶段（20 世纪 70 年代后期至 2002 年）、网络政府阶段（2002~2014年）、数字政府阶段（2018 年至今）；祁志伟（2022）将其分为四个阶段，即政府信息化筹备（1978~1992 年）与普及阶段（1993~1998 年）、电子政务建设阶段（1999~2016 年）以及数字政府建设阶段（2017 年至今）。

本书主要参考孟天广等（2021），通过梳理政策文件，根据不同阶段的发文数量、政策目标、内容主题等要素，国务院数字政府的改革大致可以划分为三个阶段（见表 4-5）。

表 4-5　　　　　　　　　我国数字政府的发展阶段

阶段	时间	特点	意义
初步兴起	2011~2016 年	政策文件数量相对较少、内容主题尚不明晰	互联网时代政务服务改革
快速发展	2016~2018 年	政策文件数量迅速增长、政策目标逐渐明确	"互联网+政务服务"正式成为国家战略层面的议题
全国推广	2018 年至今	政策文件数量稳步增长，政策目标更加多元、明确	"互联网+政务服务"向智能化、精准化、移动端方面的延伸

资料来源：孟天广，张小劲. 中国数字政府发展研究报告（2021）［M］. 北京：经济科学出版社，2021.

第三节　典型国家数字政府建设经验比较

虽然我国数字政府建设成效显著，但与数字政府建设先进国家仍有一定差距。据《2022 年第 17 次早稻田大学国际数字政府排名》显示，中国以 66.2139 分升至第四十四位，与 2021 年相比上升 5 名，丹麦（93.8018）、新加坡（91.629）、美国（91.0463）。纵观世界各国数字政府建设历程，本书根据 2022 年联合国最新发布的《联合国电子政务调查报告》和日本早稻田大学数字政府研究中心发布的《2022 年第 17 次国际数字政府评估排名》，选取了数字政府起步较早、排名靠前、发展势头强劲的六个国家——英国、美国、韩国、丹麦、俄罗斯、日本，通过探讨数字政府先进国家相关战略，为我国数字政府建设提供宝贵建议。

一、美国

（一）数字政府发展的基本情况

作为一个数字技术高度发达的国家，美国数字政府治理起步最早，发展最为迅速，已经积累一定的先进经验。据 2022 年 12 月颁布的《2022 联合国电子政务调查报告》，美国在全球数字政府建设中，在全球范围内排名第十，在该报告中，美国电子政务参与指数 EGDI（0.9151）达到非常高水平，但较上次 2020 年指数水平有所下降。其中，在线服务指数 OSI（0.9304），电信基础设施指数 TII（0.8876）与人力资本指数 HCI（0.9276）均为世界高水平。

美国是一个拥有多元文化的移民国家，政府治理具有一定的复杂性和特殊性，传统的治理手段已经不能充分满足公众日益增长的多样化需求。基于此，美国政府注重提升专业化的数字技术，逐步推动数字政府服务改革与治理创新，降低行政成本，提高政府治理水平与公共服务质量。以配套健全的公共服务资源，塑造良好的政府形象，从而提升公众体验的满意度，赋予数字政府服务创新迭代升级（姚水琼和齐胤植，2019）。

（二）美国数字政府发展的特点

1. 打造跨学科、跨领域的数字团队

美国高度重视团队建设的聚集效应和乘数效应，在政府内部组建跨部门数字领导团队，先后成立首席信息官委员会、首席数据官委员会、首席隐私官委员会等团队。这些团队具有官方身份，地位和职责依法而定，有较强的行政约束与战略协同能力，能够统筹和协调联邦政府各部门信息资源的设计、使用、分享和执行（檀春耕，2023）。

2. 以信息、客户为中心

改变传统管理文件的形式，转而管理开放数据和内容的碎片，这些碎片可以被标记、共享和安全，并且可以用对用户最有用的方式组合和表达。同时，围绕用户需求，创建、管理数据，通过网站、移动应用、原数据集以及其他分发模式提供数据，允许用户在任何时候以任何他们希望的方式构建、分享和消费信息（金江军，2012）。

3. 加大资金投入，夯实数字政府建设信息基础设施

数字政府建设以信息技术的研发和推广运用为基础。发达国家长期致力于国家信息化基础设施建设，投入了大量的财政资金或以财政资金撬动了巨额的社会资本。这种持续的海量资金投入通过人才培养、自主研发、国外引进等多方同步发展协作，不断夯实美国国家信息化基础设施，促使其在世界信息化技术领域保持领先优势，为数字政府建设提供了强有力的基础保障（倪建伟和杨璐嘉，2022）。

4. 组建专业数字管理团队，注重提升政府工作人员数字素养

由美国联邦政府发起设立的政府技术推动小组在数字政府领域具有重要地位，包括政府信息技术服务小组、IT产业顾问协会、国家电信信息管理办、政府评估组、首席信息化小组等多个组织，其职能是对美国各级政府信息化管理工作进行指导，不仅为法律法规政策的制定提供专业建议，还会对数字政府建设进度进行评估并提出针对性改善建议（倪建伟和杨璐嘉，2022）。

（三）美国数字政府建设发展阶段

目前学者研究美国数字政府建设发展阶段时，常用总统历届任命时期来划分（辛璐璐，2021；姚水琼和齐胤植，2019），本书遵从其划分标准（见图4-1），总结如下：

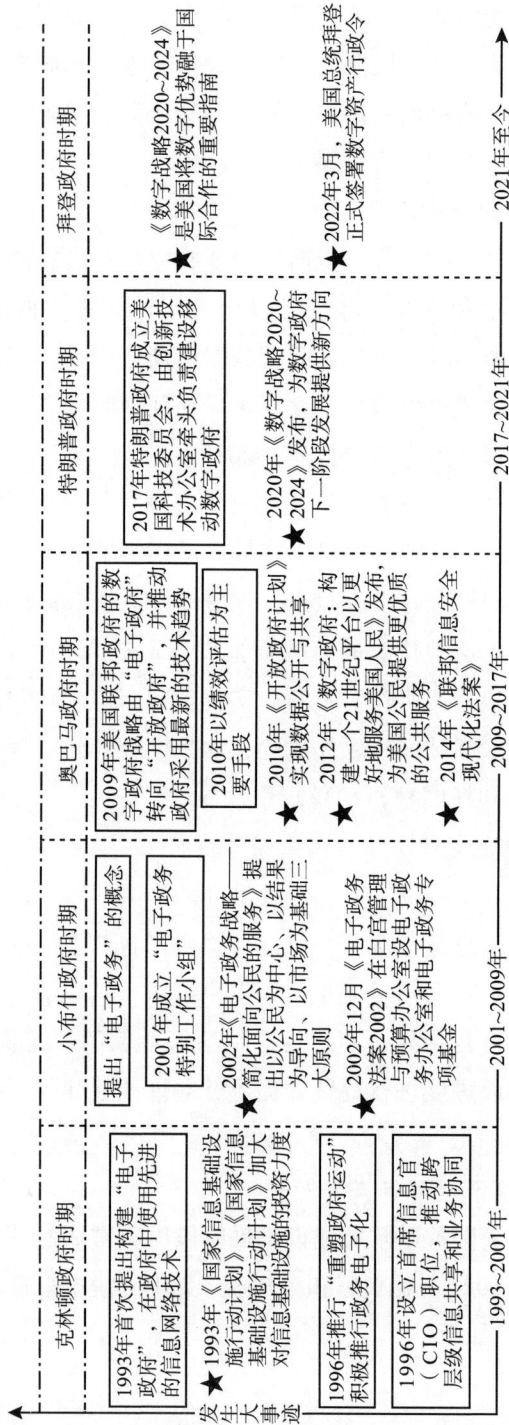

图4-1 美国数字政府发展阶段

1. 克林顿政府时期（1993～2001 年）

设立首席信息官。美国主要将互联网技术纳入政府政务办公中。一方面，明确规定各联邦机构首席信息官要向政府高层提供信息化、数字化发展意见和指导，确保政府部门工作信息化管理与运作效率提升；另一方面，利用各联邦机构首席官职位，建立以大门户与绩效评估为手段的数字化政府，促进联邦、州、地方政府间业务协同与数据共享。

2. 小布什政府时期（2002～2009 年）

小布什政府提出"电子政务"概念，并建立动态数字化政府管理标准，例如立足区块链技术。美国政府采用 Follow my vote 设计开发全新线上投票平台，利用加密技术，保证了投票结果的真实可靠。

3. 奥巴马政府时期（2009～2017 年）

积极推动政府采用最新的数字技术。例如美国数字政府服务和 Data. gov 计划的推出，强调政务信息的公开，通过大数据及信息技术的应用，推动公平、透明、开放的美国数字政府建设。2009 年，美国数字政府战略由"电子政府"转向"开放政府"。2012 年，美国白宫发布了数字政府战略，旨在为美国公民提供更优质的公共服务，主要实现三个目标：一是让美国公民可以在任何时间、任何地点，利用任何设备获取所需的高质量的政府信息以及数字服务；二是确保美国政府适应新数字时代，抓住机遇，以智慧、安全和经济的方式来采购并管理设备、应用和数据；三是公开政府数据，激发国家创新，提升政务服务的质量。

奥巴马政府在此时期高度重视大数据的应用，进而系统改造传统国家与政府治理手段及体系，促进了美国经济的快速增长。其提出的数字政府战略是美国积极向数字经济、数字城市、数字治理和数字政府转型的重要标志。

4. 特朗普政府时期（2017～2021 年）

该阶段重视数字政府的发展，希望利用先进的数字技术更好地提供公共服务和智能化决策。2017 年 5 月，特朗普总统签署行政命令，成立了美国科技委员会，旨在让政府数字化服务更加智能化，总目标包括"协调愿景、战略和方向"，在联邦政府使用信息技术方面向总统提供与政治决策有关的建议。特朗普政府时期美国政府数字化转型的目标：一是要让公众能够使用任意设备、在任意时间、任意地点获取政府提供的优质服务；二是政府要逐步适应数字化的发展进程，能够经济、安全、有效地管理数据应用和资产；三是强调社会创新与对创新工具的采购。

5. 拜登政府时期（2021 年至今）

注重增强数字合作。拜登上台后，美国首次签署了《数字战略（2020—2024）》，这是其第一次提出国际数字合作，打破了以往由美国联邦政府主导、针对数据和互联网等具体领域的垂直发展策略，突出了美国与其盟国和合作伙伴在发展经济中开展数字合作的重要意义，并将其纳入到美国的数字生态系统中，为美国将数字优势融入国际发展合作，加快实现全球数字领先地位奠定了坚实基础。

在数字治理方面，拜登政府求同存异，淡化特朗普政府时期与盟友在数字税、数据跨境、平台责任、反垄断方面留下的分歧，在硅谷与外国政府的涉外博弈中反应平淡，以组建美欧贸易与技术委员会（TTC）为抓手，推进美欧间监管政策制定和执法方面合作，迂回影响欧盟数字立法和执法动向。

二、英国

（一）数字政府发展的基本情况

英国作为全球数字政府建设的佼佼者，早在 20 世纪 90 年代初就开始尝试将信息技术、数据、网络等应用到政府管理与政务服务中，以便改进政府工作，提升公共服务水平。率先建设了中央政府网站"OPEN. GOV. UK"。此后，历届政府在电子政务建设方面开展了持续性的探索与实践，取得了持续的进展与成就：2012 年，英国政府发布《政府数字化战略》，正式采用"数字政府"代替传统的"电子政务"，尝试将数字化建设与政府转型有机结合起来，用以推动政府治理模式创新。同年 10 月，开启"政府网站瘦身革命"，将 2000 个政府网站最终缩减为唯——个网站"GOV. UK"。随后，相继启动了《政府数字包容战略》和"数字政府即平台"计划，进一步推进英国数字政府发展进程。2019 年，英国更新《政府数字化战略》，并于 2021 年 5 月颁布《政府数字服务：2021—2024 年战略》，旨在打造以政府数字服务局为核心，多元主体协作方式的数字政府。

据 2022 年 12 月颁布的《2022 联合国电子政务调查报告》，英国在全球数字政府建设中，在全球范围内排名第十一，相较于之前第七的排名，综合水平下降。在该报告中，英国电子政务参与指数 EGDI（0.9138）较上次 2020 年指数水平有所下降。其中，在线服务指数 OSI（0.8859），电信基础设施指数 TII（0.9186）与人力资本指数 HCI（0.9369）均处于世界领先水平。

（二）英国数字政府发展特点

1. 始终坚持"以用户为中心"

英国数字政府发展始终"以用户为中心""政府即平台"为根本。本着为公众服务的理念，始终站在用户立场，以实现公众能够方便地获得、反馈、分享信息。英国聚焦于通过持续改革创新提高服务效率和效益，保持了内阁的集中领导，并逐步形成政府部门、学界、产业界和用户共同参与的治理网络。为改善公民与国家之间的关系，将更多权力交给公民并更好地满足他们的需要，英国改变政府服务模式，使政府本身成为一个数字化组织，不断重点强调政府改革的持续性。主要内容包括：一是面向公民的服务转型，让任何人在任何地点都可以获得高质量服务；二是面向政府内部的服务转型，以履行重大业务变革的承诺；三是为实现上述两方面转型而面向政府改革的转型，即通过转型使所有政府部门都能更有效地推进自身改革。

2. 充分发挥顶层设计引领作用

在数字经济发展进程中，英国政府注重发挥顶层设计引领作用，通过打造"数字政府"以增强对其数字经济的支持，通过综合采取政策引导和有效规制手段，营造有利于创新的开放与公平的市场竞争氛围（马翾宇，2021）。

3. 提高数字能力建设

为提升公务员队伍的数字素养，要求每个政府部门设立"数字领导者"，负责带领各部门制定和实施数字战略；为提高公众数字化能力水平，政府建议利用公、私部门合作的方式解决公众上网障碍，为此于2014年末专门出台了《数字包容战略》（林梦瑶，李重照和黄璜，2019）。

4. 为数字政府建设提供立法保障

要求内阁办公室联合各个部门大力排查阻碍数字服务发展的非必要立法；各个部门在制定部门数字服务相关法规时，统一遵循内阁办公室标准，以减少部门间合作障碍；政策制定和决策者必须借助数字化手段，加强决策过程中与公众交流（林梦瑶，李重照和黄璜，2019）。

5. 实施"数字包容"战略

英国通过"数字包容战略"来改善数字环境，促进了社会数字平等。成立跨部门的调研小组，专职调研上网受限的公众的类型和需求，并提出针对性的意见，指导公众学习和掌握数字技能，让其体验线上数字服务。英国充分考虑到了不同人群的特点和需要，为其提供了多元化的网上政务服务，不仅服务于普通公众，也面向一些小语种群体、残疾人或能力受限的群体，提供了无障碍的政务服务。此外，提供多语言的网上政务服务，为海外公民、欧盟以及其他国家中想要与英国建立良好合作关系的公民提供便利（孙璐璐，2020）。

6. 以政务服务优化推动"默认数字化"落实

聚焦改善公民与国家之间的关系，以现代、高效的方式提供世界一流的数字服务，以数字赋能和数据赋能提高政府透明度，打造"数字政府即平台"，推动政府数字化转型（杨巧云，梁诗露和杨丹，2021）。主要包含三个方面：一是优化面向公民的数字服务，提升公民数字化体验；二是政府内部数字化改革，提供高效、便捷的公共服务；三是推动整体性治理变革，推动跨政府部门业务的全面转型。

（三）英国数字政府发展阶段

英国数字政府按发展阶段共分为"电子政务阶段"、"数字政府阶段"与"平台化阶段"三个阶段（辛璐璐，2021），如图4–2所示。

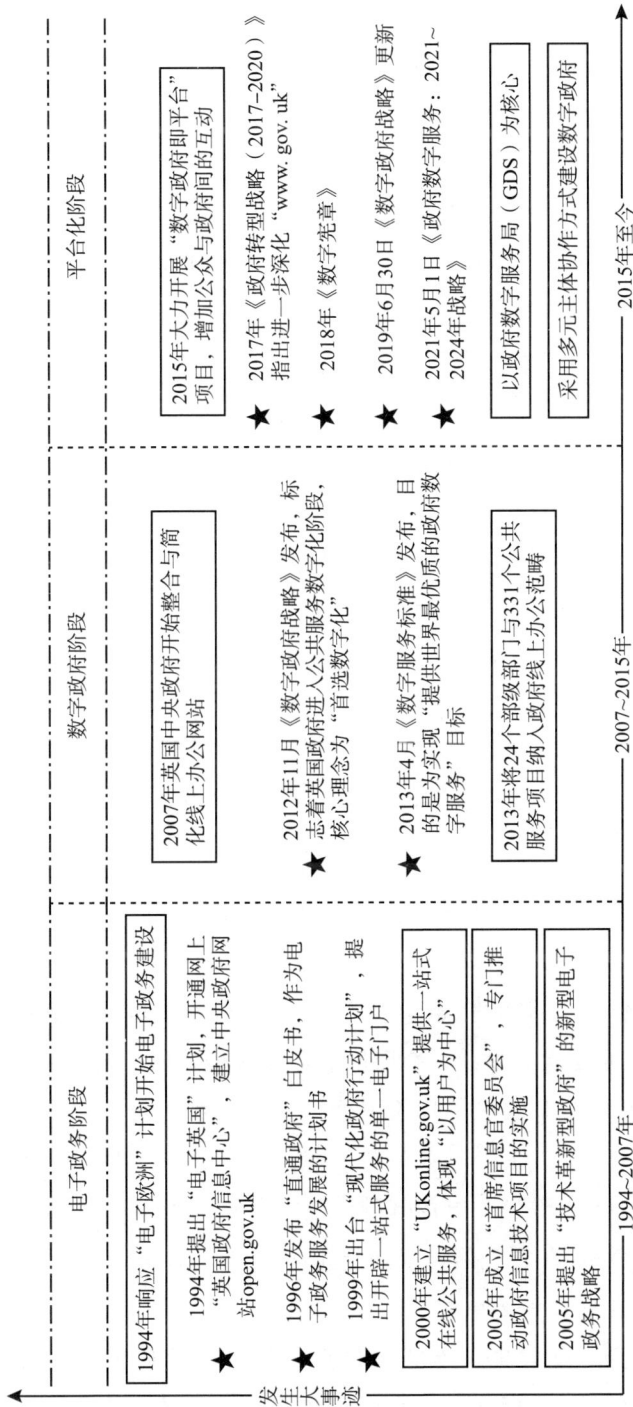

图4-2 英国数字政府发展阶段

电子政务阶段

1994年响应"电子欧洲"计划开始电子政务建设

★ 1994年提出"电子英国"计划,开通网上"英国政府信息中心",建立中央政府网站open.gov.uk

★ 1996年发布"直通政府"白皮书,作为电子政务服务发展的计划书

★ 1999年出台"现代化政府行动计划",提出开辟一站式服务的单一电子门户

2000年建立"UKonline.gov.uk"提供一站式在线公共服务,体现"以用户为中心"

2005年成立"首席信息官委员会",专门推动政府信息技术项目的实施

2005年提出"技术革新型政府"的新型电子政务战略

1994～2007年

数字政府阶段

2007年英国中央政府开始整合与简化线上办公网站

★ 2012年11月《数字政府战略》发布,标志着英国政府进入公共服务数字化阶段,核心理念为"首选数字化"

★ 2013年4月《数字服务标准》发布,目的是为实现"提供世界最优质的政府数字服务"目标

2013年将24个部级部门与331个公共服务项目纳入政府线上办公范畴

2007～2015年

平台化阶段

2015年大力开展"数字政府即平台"项目,增加公众与政府间的互动

★ 2017年《政府转型战略(2017-2020)》指出进一步深化"www.gov.uk"

★ 2018年《数字宪章》

★ 2019年6月30日《数字政府战略》更新

★ 2021年5月1日《政府数字服务:2021～2024年战略》

以政府数字服务局(GDS)为核心

采用多元主体协作方式建设数字政府

2015年至今

发生大事轨迹

79

1. 电子政务阶段（1994～2007年）

为响应"电子欧洲"规划，英国首相提出"电子英国"建设计划。内阁办公室搭建英国中央政府网站"open. gov. uk"，并开通"英国政府信息中心"。

2. 数字政府阶段（2007～2015年）

在搭建数字平台"gov. uk"基础上，英国政府将24个部级部门与331个公共服务项目纳入政府线上办公范畴。自此，英国政府对以前分散在各地的政府网站进行了有效的整合，促使数字化政务与相关服务内容全部集中于"gov. uk"网站。

3. 平台化阶段（2015年至今）

英国在2015年推出了"数字政府即平台"战略，加强公众与政府间的互动。在2017年公布的《政府转型战略（2017－2020）》中提出要进一步加强"www. gov. uk"网站，保证公众、企业都能获得政府所提供的更多政府数字化服务与工具。在该政策实施后期，英国通过持续提高数字技术水平，迭代升级跨政府部门平台建设，以保证公众最大限度使用网上政务平台。

三、丹麦

（一）数字政府发展的基本情况

高福利国家丹麦为了能够向公民提供更好的公共服务，最早关注电子政务与信息化建设。持续探索学习20余年，丹麦采取渐进式的发展战略以推动数字政府建设。目前，在政府数字化转型方面，丹麦处于全球领先水平。据《2022联合国电子政务调查报告》显示，丹麦电子政务参与指数EGDI（0.9717），在全球数字政府建设中始终排名第一。其中，在线服务指数OSI（0.9797），电信基础设施指数TII（0.9795）与人力资本指数HCI（0.9559）在领先国家中处于先进水平。

（二）数字政府发展特点

"数字丹麦"建设呈现出四大特点：一是以公民的需求为中心，实践"公民无国界"的理念；二是中央政府和地方政府协力，打造无缝隙互动型电子政务；三是企业、公民共同参与，公共服务"无处不在"；四是通过电子政务优化营商环境，探索新型监管机制（徐国冲和吴筱薇，2021）。

1. 以公民的需求为中心，实践"公民无国界"的理念

以公民需求为核心提供相应的政务服务，是数字政府建设过程中始终坚持的特点。政府信息门户网站设计风格简约、服务标题简洁明了，为公民提供了最快最便捷的公共服务，在一定程度上缩小了政府与公民之间的交易成本。同时，当涉及办理特定服务事项时，平台上附有简单明了的业务指南，让各项业务的开展更为方便。

2. 中央—地方合力共推"数字丹麦"建设

中央政府统筹推进丹麦数字政府建设，负责顶层设计和体制机制改革，例如战略制度的制定、成立专属治理机构等；成立"跨部门联合执行委员会"与"信息化专家组"，分别作为在数字政府建设中最高决策机构的工作与研究机构（吕璐和陈翔，2022）。然而，地方政府为具体措施的主要执行者，即为国家部门服务，落实国家战略，为公民提供大部分的政务服务。除此之外，中央政府需承担着促进多元主体合作、数据保护与网络安全等责任。

3. 企业、公民共同参与，线上公共服务"无处不在"

"数字丹麦"建设注重为公众提供良好的物联网环境，将电子化渗透到日常生活中，随时随地为公民及企业提供高质量的政务服务。据统计，早在2018年大约有93%的家庭和100%的企业可以上网，网络普及率高，大幅度提升了公共服务的及时性与高质量。一是企业参与，为"数字丹麦"提供技术支持与治理实践。良好的营商环境为企业主动参与到丹麦数字政府建设中带来驱动力，形成良性的循环。二是公民信任，助推"数字丹麦"迭代升级。作为"全球幸福指数最高"的国家，丹麦政府与公众间良好的信任，使得整个政务服务运作更加便捷、透明和高效。网络环境中的隐私问题对丹麦来说不是挑战的同时，公众高满意度，使其更加主动地参与到"数字丹麦"建设中来，政府也及时地为其提供公共服务，形成积极良性循环（徐国冲和吴筱薇，2021）。

4. 优化营商环境，探索新型监管机制

据世界银行发布的《2020 年全球营商环境报告》将丹麦列为仅次于新西兰、新加坡和中国香港的第四位。其良好的营商环境与完善的税收制度与其较为成熟的数字化建设密不可分。例如在丹麦注册一家新企业仅需耗费 3.5 天时间。一是审批事项"一站式"电子化办理快速完成。在线政务平台，可以同时进行商业和税务登记，并且相关事项也可以在关联平台完成。二是建立新型监管机制，重视数字化与信息化，强调监管的高效性与时效性。通过数字化监管，实现监管部门与其他部门公共数据互联互通，使得市场更加透明化，杜绝信息垄断，从而使得中小企业方便快捷地得到所需公共数据，为其创新提供平台和机会。

（三）丹麦数字政府建设发展阶段

本书结合丹麦数字政府建设的实际发展历程，将"数字丹麦"划分为四个发展阶段（徐国冲和吴筱薇，2021）（如图 4 - 3 所示）。

1. 初始阶段（1994 ~ 2000 年）

丹麦重视信息化建设，早在 1996 年推出"信息社会 2000 计划"，建立了全国信息与通讯管理局，进入信息化时代。1998 年，数字丹麦委员会正式建立。1999 年颁布《数字丹麦——向网络社会转变》报告，旨在福利社会的基础上将丹麦建设成一个信息技术领先的国家。初始阶段的特征是公共部门内部办公信息化，例如简单数据处理工作、电子设备的使用；信息系统使用局限于部门内部，影响较小。

2. 扩散阶段（2001 ~ 2003 年）

该阶段电子化由少数部门逐渐推广到大多数部门，由内部逐渐向外部扩展。2002 年 1 月，丹麦电子政务联合委员会提出了新战略——"迈向电子政务：丹麦公共部门的抱负和战略"。首次对全国数字政府建设提出展望，即对数字技术应用，思维方式和工作流程进行了创新，从而有效转变政府职能，提升了公共服务效能。同时，该战略提出三个基本原则：数字管理必须让企业和公众对网络社区产生信任，公共部门间必须通过数字化进行工作和交流，公共部门的任务必须以最优的方式完成公众和企业服务。

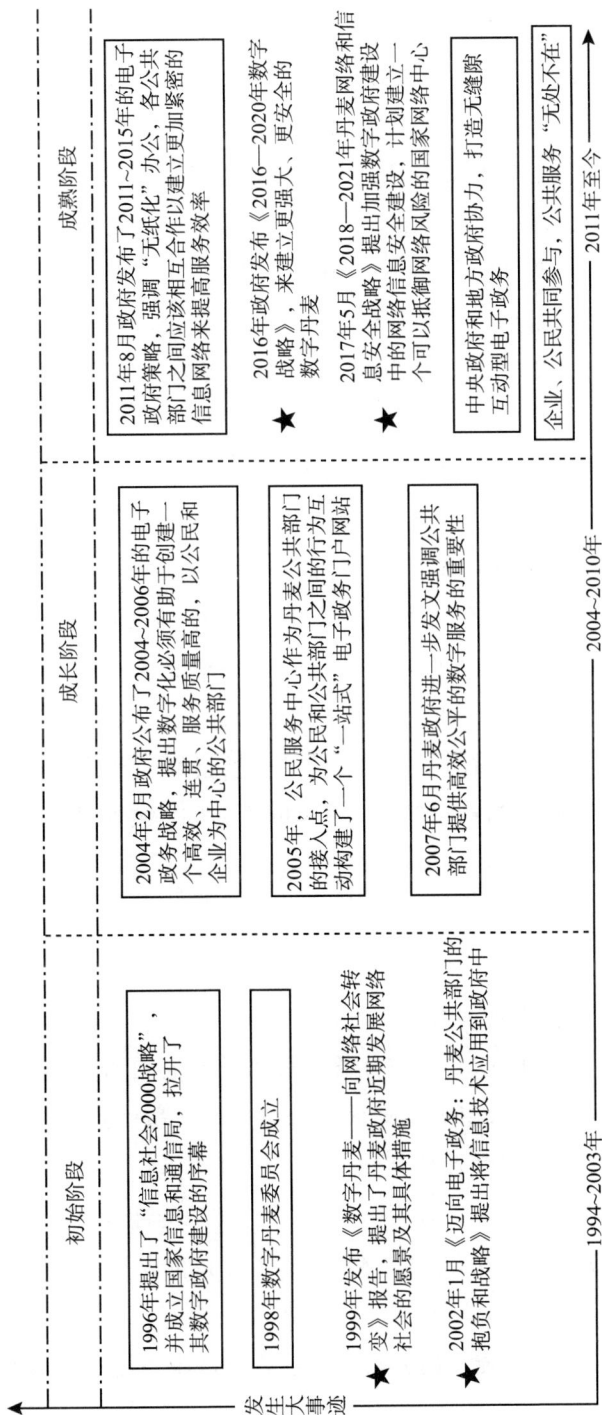

图4-3　丹麦数字政府发展阶段

初始阶段

1996年提出了"信息社会2000战略"，并成立国家信息和通信局，拉开了其数字政府建设的序幕

1998年数字丹麦委员会成立

★ 1999年发布《数字丹麦——向网络社会转变》报告，提出了丹麦政府近期发展措施、社会的愿景及其具体措施

★ 2002年1月《迈向电子政务：丹麦公共部门的抱负和战略》提出将信息技术应用到到政府中

—— 1994~2003年 ——

成长阶段

2004年2月政府公布了2004~2006年的电子政务战略，提出数字化必须有助于创建一个高效、连贯、服务质量高的、以公民和企业为中心的公共部门

2005年，公民服务中心作为丹麦公共部门的接入点，为公民和公共部门之间的行为互动构建了一个"一站式"电子政务门户网站

2007年6月丹麦政府进一步发文强调公共部门门提供高效公平的数字服务的重要性

—— 2004~2010年 ——

成熟阶段

2011年8月政府发布了2011~2015年的电子政务策略，强调"无纸化"办公，各公共部门之间应该相互合作以建立更加紧密的信息网络来提高服务效率

★ 2016年政府发布《2016—2020年数字战略》，来建立更强大、更安全的数字丹麦

★ 2017年5月《2018—2021年丹麦网络和信息安全战略》提出加强数字政府建设、计划建立一个可以抵御网络风险的国家网络中心

中央政府和地方政府协力、打造无缝隙互动型电子政务

企业、公民共同参与、公共服务"无处不在"

—— 2011年至今 ——

发生大事迹

83

3. 成长阶段（2004～2010年）

该阶段是丹麦数字政府建设的"质的飞跃"，主要体现在数字服务的提出及政府门户网站的建设。为创建更公开透明的政府部门，建立专门的信息网络平台，信息具有针对性且能够很好地整合并加以利用。2004年2月，颁布《2004—2006年的电子政务战略》，旨在是建立以公民和企业为中心的一个高效、连贯、服务质量高的公共部门。2005年，"eDay2"项目的开展要求政府部门尽量采用数字化方式服务公众和企业，从而更好地提供数字化服务、更高的效率和更强的协作迈进。2007年6月，进一步强调公共部门提供高效公平的数字服务的重要性。

4. 成熟阶段（2011年至今）

此阶段的特征是"信息资源实现共享与持续探索"。2011年8月，丹麦政府发布了《2011—2015年的电子政府策略》，强调公共部门内部电子化全覆盖，实行"无纸化"办公；随后，实施《2016—2020年数字战略》，建立更强大、更安全的数字丹麦；2018年1月，丹麦政府再次推出两项新的数字战略。一是"丹麦数字增长战略"，包括38项举措，旨在使丹麦走在数字发展的前沿，为本土企业创造最好的基础，并开发新的数字增长来源。二是《2018—2021年丹麦网络和信息安全战略》，聚焦改善国家互联网安全，重视整个信息网络系统的安全。

四、俄罗斯

（一）数字政府发展的基本情况

由于居民对政府服务需求的日益增长以及政府自身工作效率的需要，俄罗斯在21世纪初开始积极推动数字政府建设。虽然是数字政府的后来者，俄罗斯在数字政府建设中不断丰富完善其内涵，且保持一定的连续性。据《联合国电子政务调查报告》显示，2022年俄罗斯电子政务参与指数EDGI从2020年的0.8244下降到0.8162在世界排名第四十二名。当前俄罗斯数字政府建设的核心理念是"平台型政府"，统一认证识别系统整合了各部门的信息系统，最大限度为社会公众服务提供针对性帮助（初冬梅，2022）。

(二) 数字政府发展特点

1. 建设 "平台型数字政府"

默认提供数字服务、平台驱动和面向移动设备、以用户为中心的服务设计以及提供全周期数字服务,政府即平台。数据管理是构建平台过程中非常重要的一环,建立和运行国家数据管理系统旨在有效收集利用国家数据,从而提升政务服务能力,增强履职能力,保证自然人和法人能够获得信息的渠道。

2. 俄罗斯数字政府的 "超级服务"

"超级服务" 是一种基于人们日常生活场景的综合服务体。2019 年,数字发展和信息技术利用委员会主席团会议,相继分两次批准了 50 项超级服务的清单。该清单以俄罗斯数字化发展为出发点,覆盖了 90% 政民交互情景,加快推进全国范围政府服务大规模数字化转型。

3. "从联邦到地方" 的垂直机制

为积极推进数字治理,俄罗斯政府构建了 "从联邦到地方" 的垂直落实制度。即由总理直接负责,领导政府数字发展和信息技术利用委员会,副总理完善数字化转型相关法律规制。为了协调各个部门的工作,俄联邦建立了数字发展、通信和传媒部,并建立了首席数字转型官员制度。

4. 制度创新引领 IT 基础设施建设

数字基础设施是推动政府数字化转型的基础。俄罗斯通过出台一系列有利于数字技术发展的惠企政策,以鼓励数字技术领域大力发展。即对数字技术领域实施特殊的税收减免和优惠补助——在本国注册的新兴数字企业征收的税率由 20% 降低到 3%,而保险费率则由 14% 降低到 76% 等,受到数字企业一致好评。

(三) 俄罗斯数字政府发展阶段

俄罗斯数字政府发展阶段如图 4 - 4 所示。

1. 迈向 "电子政府" 阶段 (2002 ~ 2009 年)

为建立电子政府,俄罗斯颁布《电子俄罗斯 (2002 ~ 2010)》,其目的在于便于公民获取有关国家权力机构活动的信息、增强政府与城市之间的服务时效性、采纳为公民提供的统一服务标准、改善政府与社会之间的相互关系。

迈向电子政府	建设电子政府	政府即平台
★ 2002年《电子俄罗斯（2002—2010）》，建设复杂的政府信息技术（IT）基础设施，以建立电子政府所必需的全方位措施	将公共行政部门引入电子政府	★ 2017年《2035年前俄联邦数字经济发展规划》确立"数字化国家治理""数字化国家门户为居民和机构提供国家服务和建立服务平台"项目，旨在通过数字化国家门户为居民和机构提供国家服务和建立服务平台
	★ 2010年10月《联邦国家"信息社会"纲要（2011—2020年）》提出将公共服务、内部工作流程和数据流程政府转换为数字格式	★ 2018年5月《2024年前俄联邦国家发展目标和战略任务》提出在国家治理和国家服务中引进数字技术和决策平台是俄联邦最优先的一项战略发展任务
★ 2008年5月《将电子政府建立的目标设定政府构想》发布，为政府建设的目标设定为政府提供信息公开和提供国家服务	★ 2012年《关于完善国家治理体系基本方向》总统令提出俄罗斯电子政府的建设内涵及主要活动方向	2019年25项超级服务清单
	★ 2013年《国家与市政府电子化服务制发展构想》发布，旨在提高居民和中小企业对国家与市政服务电子化的满意度	★ 2018—2020年设立垂直落实机制、首席转型数字官员机构制度
		★ 2020年优惠补贴条件，对数字初创公司实施无限期税收优惠政策，支持数字技术领域发展
		★ 2021年3月1日《2025年前俄联邦社会领域数字转型纲要》提出将建成统一的数字平台整合所有社会保障资源
		平台型政府 以用户为中心
2002~2009年	2010—2015年	2016年至今

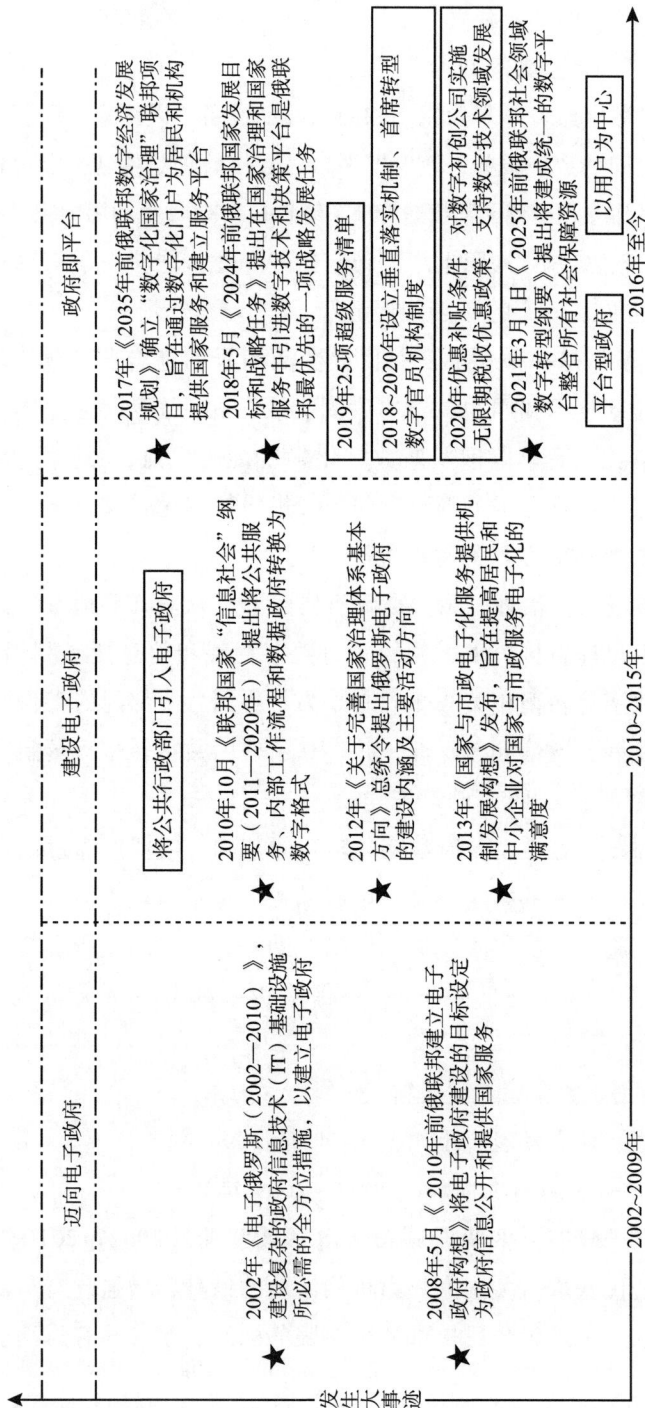

图4—4 俄罗斯数字政府发展阶段

发生大事迹

这一目标包含了两个部分：一是在各个部门之间进行信息交流，保证国家权力机构对信息和通信技术的有效运用；二是通过对国家权力机构的工作进行全过程的、实时的、全面的监控，来提升政府的管理效能。俄罗斯的初期策略是将三个层次的政府部门职能分开，以保证公共部门的多元化，但是这一策略并没有奏效，这一改革导致了一种垂直一体化的政府体制的确立，这种体制被一种从上到下的官僚问责制所支配。在这一领域，继续进行更多的现代化是合乎逻辑的，因此必须修正该战略。

2. 建设电子政府阶段（2011~2015年）

俄罗斯加入了众多国家的行列，将其公共行政部门引入电子政府。《信息社会2011~2020》将俄罗斯社会所有领域的数字化定为其主要目标。改革的重点是将公共服务、内部工作流程和数据政府转换为数字格式。其结果有助于IT基础设施的快速现代化。2012年总统令提出俄罗斯电子政府的建设内涵以及主要活动方向，2013年发布《国家与市政电子化服务提供机制发展构想》，旨在提高居民及企业对电子政府的满意度。

3. "政府即平台"阶段（2016年至今）

搭建平台型政府是当前俄罗斯数字政府建设秉持的核心理念，其基本原则是默认提供数字服务、平台驱动和面向移动设备、以用户为中心的服务设计以及提供全周期数字服务。"政府即平台"旨在建成统一的数字平台整合所有社会保障资源，包括三个部分：统一的国家服务与职能门户、统一认证识别系统和部门间电子交互系统（初冬梅，2022）。

五、日本

（一）日本数字政府发展的基本情况

日本国家少子化、老龄化问题早已十分严峻，为应对该问题日本依托AI技术发展联动社会群体催生可持续绿色发展。21世纪初，日本政府开始探索"电子政务"的转型方式，到了21世纪的第二个十年开始出现"电子政务"向"数字政府"的升级重塑，引领构建更加系统协调、持续包容的"绿色"社会（杨达和林丽，2021）。《联合国电子政务调查报告》

显示，2018 年日本电子政务参与指数 EDGI（0.8783）达到非常高的水平，在世界排名第十，虽然在 2020 年日本 EDGI 增长至 0.8989，但排名下降 4 名，位居世界第十四，2022 年日本 EDGI 为 0.9002，排名不变。据《2022 年第 17 次早稻田大学国际数字政府排名》显示，日本 2021 年国际数字政府排名第九，由于政策等各种因素的影响在 2022 年下降 1 名，位居世界第十。

（二）日本数字政府发展特点

1. "绿色联动"战略

通过灵活运用 AI 技术，强化以数字政府为"支轴"联动的中心，引领构建更加系统协调、持续包容的"绿色"社会。日本将重点放在了跨区域、跨部门的系统性推动上，将政府与民间在各方面的合作联系起来，使 AI 技术从研究发展到应用，特别是针对当地的公共服务短缺问题（杨达和林丽，2021）。

2. 数据透明

有计划地开放数据，在数据向公众开放的前提下，设计和操作工作和信息系统；把握需求，及时披露数据，即与民营部门直接对话，把握其需求，加快开放相应数据。彻底贯彻每道程序的在线原则：BPR 和系统改革后，将行政服务彻底数字化；重新组织身份验证方式（例如盖章、面对面验证等）；审查私营部门程序数字化。确保个人资料安全，确保公平、透明、负责任，并为跨境资料的利用创造环境。

3. 一站式服务

与私营部门合作推进一站式服务，优先做好以下三件生活大事：搬家一站式服务、一站式护理服务、死亡和继承一站式服务。取消行政服务中的附件，利用"社会保障和税号系统"等，剔除已为政府所有的附件文件；提出法案，尽快一次性消除所有附带文件，其中包括取消公司注册事项的证明文件和居住证明。日本致力于从创新的角度，通过广泛的协作、共享和标准化建设，使更多的人能够融入数字社会中来。以家庭为中心的"数字政府推广与评价模型"，将以互联网为载体，为全体公民，包括"数据弱者"，提供更多的教育机会和健康生活，使每个人都可以方便地与政府部门建立联系（杨达和林丽，2021）。

4. 搭建数字平台

日本在2017财年年底前制定关于行政数据格式核心（例如日期、地址等）的数据交换标准。规范词汇、代码、字符等针对社会基础设施领域（例如设施、设备、采购等），组织词汇、代码等体系，例如"管理数据标准清单"。企业建立一个公共和私营部门可以有效利用数据的平台，通过认证系统，使公众可以用一个ID申请多个程序，企业信息网站等（杨达和林丽，2021）。

5. 创新的公共服务理念

坚持以"以人为本"理念为基础，同时将发展"多样性"以及"持续可能"作为公共服务理念（杨达和林丽，2021）。

（三）日本数字政府发展阶段

日本数字政府发展阶段如图4-5所示。

1. 先进信息技术驱动政府阶段（1994~2000年）

日本政府一直在宣传其信息技术政策，其口号是建立一个"先进的信息技术驱动的政府"。在1994年12月实行"促进先进信息技术驱动管理的基本计划"，在1997年12月修订《基本计划》，使用"电子政府"一词与行政改革挂钩。

2. 高度先进信息技术驱动政府（2000~2006年）

2000年7月成立了IT战略委员会，同年11月制定了《IT基本战略》提出建设高速互联网、制度电子商务规则、实现电子政府等。2001年1月，内阁内成立了由总理主持的信息技术战略总部，先后制定了电子日本战略、电子日本战略Ⅱ、电子日本战略Ⅱ加速包。关于"采购问题"和"遗留问题"日本于2001年成立了"软件开发和采购流程改进委员会"。2003年7月电子政府发展计划、全面的业务和系统"优化"计划和整个运营的"可视化"，强调老年人和残疾人获取电子政务服务的渠道，并发展多渠道为公众提供便利性。

3. 电子政府阶段（2006~2017年）

重新聚焦电子政务和降低成本。2006年4月在内阁府设立政府项目管

发展阶段 · 启动阶段 · 电子政府阶段 · 数字政府阶段

发展阶段

★1994年12月《促进信息化管理基本计划》

★1997年12月修订该计划，使用"电子政府"一词，并与行政改革挂钩

1994~2000年

启动阶段

★2000年7月成立IT战略委员会《IT基本战略》，提出要建设超高速互联网，制定电子商务规则，实现电子政府等

★2001年1月制定《电子日本战略》

★2003年7月制定《电子日本战略Ⅱ》

★2003年7月制定《电子政务建设规划》，强调要畅通老年人和残疾人获取电子政府服务的渠道，并发展多渠道环境以提升便利性

2000~2006年

电子政府阶段

2006年4月在内阁府设立政府项目管理办公室（GPMO），设立IT战略总部下的工作组（电子管理、医疗服务、ITS）以关注需求

★2010年《新信息通信技术大战略》提出要实现以国民为中心的电子行政

2012年设立行政改革实施指挥部和政府首席信息官、政府信息系统，降低运营成本

★2012年7月《数字行政开放数据战略》有计划地开放数据

2017年制定行政管理数据标准

2006~2017年

数字政府阶段

2019年5月《数字程序法》，形成"数字优先""只一次""站式连接"等"数字化三原则"改革

★2019年12月《数字政府实行计划》确保数字技术和政府AI系统联动政府部门、私营企业、普通公民等的所有活动，以满足每个人需求的方式来解决社会问题

"绿色联动"战略

公共服务理念："以人为本""持续可能""多样性"

2017年至今

发生大事事迹

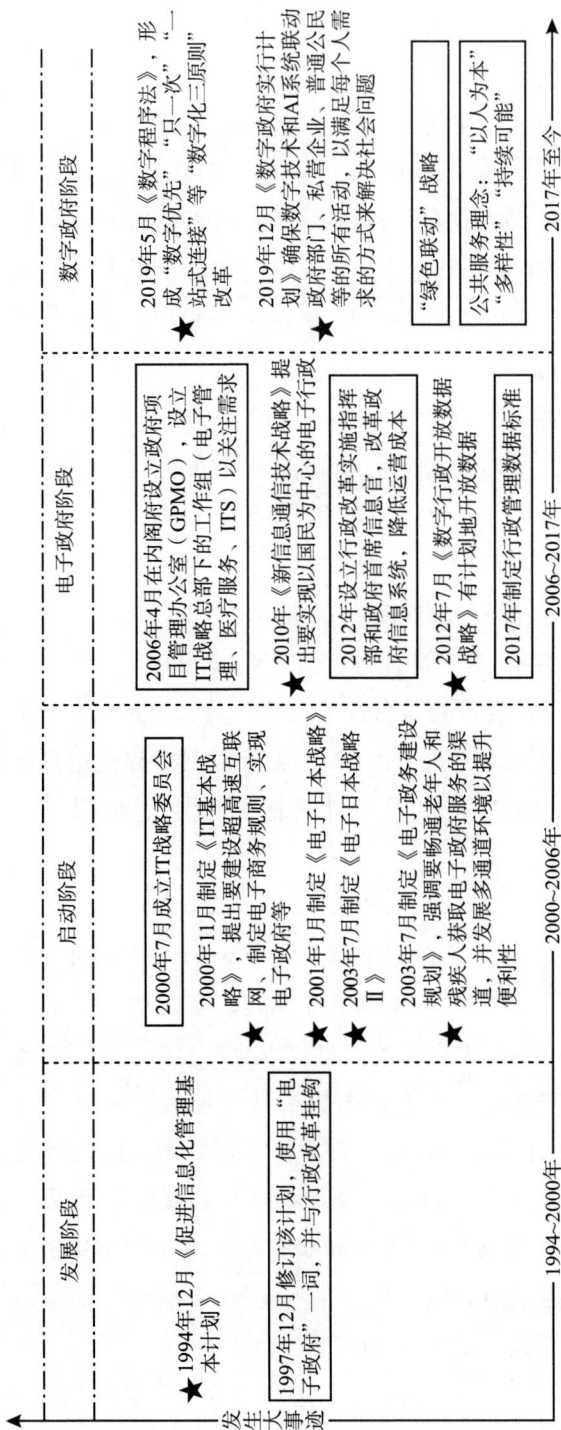

图4-5 日本数字政府发展阶段

理办公室（GPMO），设立 IT 战略总部下的工作组（电子管理、医疗服务、ITS）以关注需求。2012 年设立行政改革实施指挥部和政府首席信息官，应用 Government CIO 改革政府信息系统，降低运营成本从 4000 亿日元（2013 年）到 2900 亿日元（2021 年）。

4. 数字政府与公共服务改革阶段（2017 年至今）

2017 年 5 月政府数字推广政策；2018 年 1 月政府数字转型计划，关注公共服务改革，包括降低成本来引起服务价值增加，开放数据，基于服务的 BPR 设计思维实行以用户为中心的服务（杨达和林丽，2021）。

六、韩国

（一）数字政府发展基本情况

韩国的数字政府建设已成为全球最佳实践典范之一。根据《2022 联合国电子政务调查报告》显示，韩国在全球 10 个数字化政府（Digital Government）表现领先的国家中排名第三；据《2022 年第 17 次早稻田大学国际数字政府排名》显示，韩国在 2021 年国际数字政府评估排名中处在世界第八位；韩国采用"政府主导"模式，设立"电子政务特别委员会"、网络安全、数字技术应用等方面为全球数字政府建设提供借鉴参考（陈畴镛，2018）。

（二）数字政府发展特点

1. 实施韩国"数字政府 3.0"

在"数字政府 3.0"具体实施中分为"透明型政府"、"能力型政府"与"服务型政府"三大战略。做到公共数据和政务信息透明公开，打造"向国民开放的政府"，保障国民知情权，激活国民积极性，推动"民官共治"，从而提高政府决策水平。加快推动政府间协作，有效应用大数据进行治理，为企业创造良好的营商环境。让国民参与到价值的创造主体中来，把"提供政务服务"转变为"政民共创的过程"，例如"一站式"服务、定制型政务服务。"数字政府 3.0"的主要措施即有效管理公共资源、提升政务服务、增强政府公信力，其区别于"数字政府 2.0"，则是从供给驱动型的透明度（响应性的公开信息公开）向需求驱动型的透明度（主动分享）转变，通过数据开放和信息共享，驱动以数据为导向的决策方法，为民众提供个性化服务（陈畴镛，2018）。

2. 建设"世界级开放数字政府"

成立数字政府特别委员会，以突出"以公众为中心"的政务服务。构建数字政府总体架构（government enterprise architecture，GEA），强化跨政府部门服务与政民互动，将企业、公众等整合在一个数字平台上，有效提升了政府公共服务的精细化水平。

3. 打造"在线""无缝隙"的数字政府服务

韩国以高效政府和服务型政府为愿景，通过政务信息公开、"民愿24小时系统"、电子政务宣传手册、成立"行政信息共享中心"、推行大办公室制和窗口服务制等方式为公众提供高质量政务服务；倡导"亲切"服务，并将其作为考核标准之一。公民通过"泛政府在线沟通门户"便捷地参与政务决策，与政府进行互动和反馈建议。

4. 以信息共享数据公开作为数字政府建设的核心

一是主动向公众发布大量行政管理数据与公共服务信息，允许公众方便获取政府数据。二是通过信息公开促进透明政府建设，主动公开大量不涉及公共安全与个人隐私的政府管理数据，为公众监督政府运作提供便捷的数据支撑，公众能够广泛参与政策制定。三是提供针对性、定制化的公共信息，方便公众生活，提高公共服务多样化与精细化水平。四是鼓励公开信息数据的商用，大力鼓励企业运用政府公开的数据以创造就业岗位。

5. 新兴数字技术赋能数字政府建设

政府积极运用信息技术加强统一平台与数据库建设，打造移动电子政务（m-Government）。建设公共数据门户网、信息公开门户网、24小时公共服务在线网。以大数据赋能公共数据的兼容性和可获得性，统一数据开放接口。大力推进AI、5G等数字技术在数字政府中的应用，并启用公共资金全力支持智能政务建设。

（三）韩国数字政府建设发展阶段

韩国数字政府建设基本分为"启动期"、"基础期"、"成长期"、"数字政府2.0"和"数字政府3.0"五个阶段（辛璐璐，2021；陈畴镛，2018）如图4-6所示，具体如下：

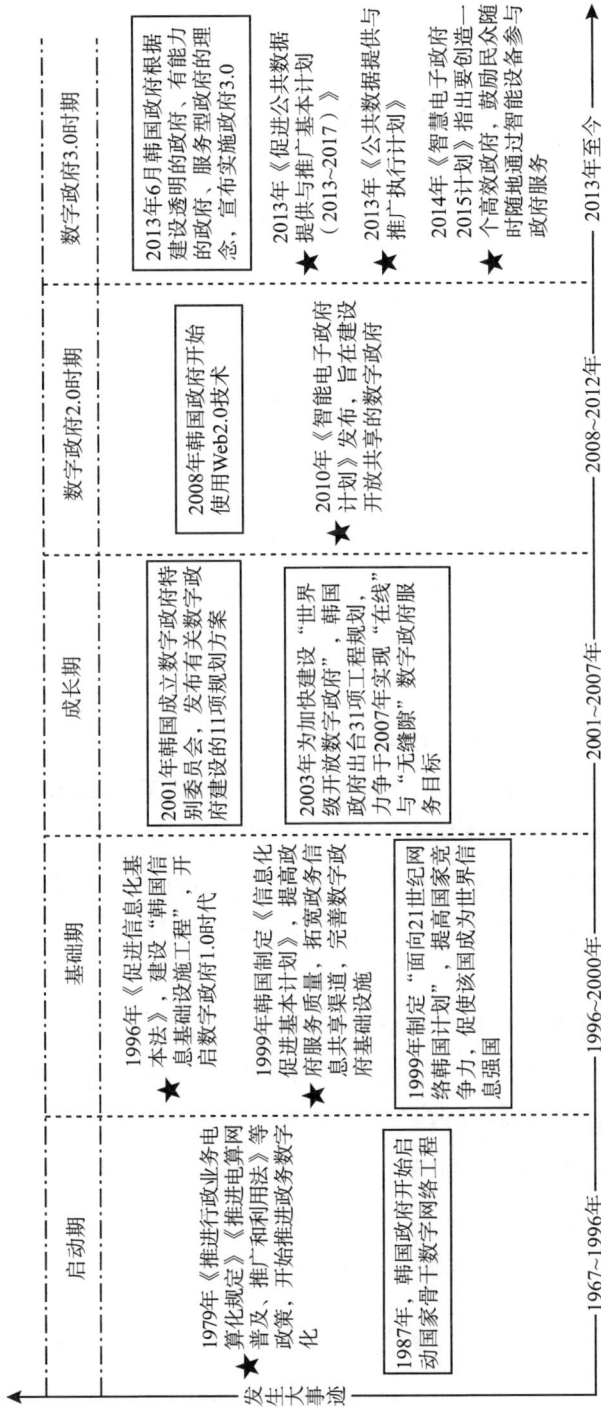

图4-6 韩国数字政府发展阶段

启动期	基础期	成长期	数字政府2.0时期	数字政府3.0时期

发生大事迹

★ 1979年《推进行政业务电算化规定》《推进电算网》等政策，开始推进政务数字化

1987年，韩国政府开始启动国家骨干数字网络工程

★ 1996年《促进信息化基本法》，建设"韩国信息基础设施工程"，开启数字政府1.0时代

1999年韩国制定《信息化促进基本计划》，提高政府服务质量，拓宽政务信息共享渠道，完善数字政府基础设施

1999年制定"面向21世纪网络韩国计划"，提高国家竞争力，促使该国成为世界信息强国

2001年韩国成立数字政府特别委员会，发布有关数字政府建设的11项规划方案

2003年为加快建设"世界级开放数字政府"，韩国政府出台31项工程规划，力争于2007年实现"在线""无缝隙"数字政务服务目标

2008年韩国政府开始使用Web2.0技术

★ 2010年《智能电子政府计划》发布，旨在建设开放共享的数字政府

2013年6月韩国政府根据建设透明的政府、有能力的政府，服务型政府的理念，宣布实施政府3.0

★ 2013年《促进公共数据提供与推广基本计划》（2013—2017）

★ 2013年《公共数据提供与推广执行计划》

★ 2014年《智慧电子政府计划》提出要创造一个高效政府，鼓励民众随时随地通过智能设备参与政府服务
2015计划指出

1967~1996年 ———— 1996~2000年 ———— 2001~2007年 ———— 2008~2012年 ———— 2013年至今

1. 启动期（1979～1996 年）

20 世纪 70 年代后期，韩国政府开始推进行政业务的电算化，80 年代中期投入 2 亿美元启动"国家基础信息系统工程"，该工程覆盖了韩国政府的多个领域，促使政府简化了诸多办事流程，使公民能够不受时间、地域的限制获取各种文件，政府的办事效率得到提升。

2. 基础期（1996～2000 年）

1996 年，韩国政府出台"促进信息化基本法"，为推进韩国政府各部门之间信息化发展提供了法律保障，投资 1313 亿美元建设"韩国信息基础设施工程"，在大力发展基础设施的同时，建立相应的社会、文化环境，开启了政府在国家生活中扮演单纯提供信息角色的数字政府 1.0 时代。

3. 成长期（2001～2007 年）

2001 年韩国成立数字政府特别委员会，先后围绕数字政府建设提出了 11 项任务，建立了"一站式"的电子政务门户网站，向公众提供在线服务。2003 年，韩国出台 31 项制度规划，以加快推动"世界级开放数字政府"建设，旨在提供"在线""无缝隙"的数字政务服务。

4. 数字政府 2.0 时期（2008～2012 年）

推进 Web 2.0 技术应用；颁布一系列政策制度如《国家信息化基本规划》和《国家信息化实施规划（2009-2012）》，制定数字政府发展方向和具体战略，在数字政府 2.0 时代，韩国政府角色转变，提供限制性的政务公开与鼓励政民互动。实施"智能电子政府计划"旨在建设开放共享的数字政府。

5. 数字政府 3.0 时期（2013 年至今）

"数字政府 3.0"是韩国正式开启数字政府建设的新范式，努力建设透明的政府、有能力的政府和服务型政府。而后，相继颁布《促进公共数据提供与推广基本计划（2013～2017）》《公共数据提供与推广执行计划》《智慧电子政府 2015 计划》等一系列政策制度，以为公众创造一个随时随地可以通过智能设备参与政务服务的高效政府。

七、对我国的借鉴与参考

综上所述，通过以上六个典型性国家对数字政府建设经验与战略比较，得出以下几点共同点（见表4-6），值得我国借鉴参考：

表4-6   各国数字政府战略特点汇总

国家	数字政府战略特点
美国	1. 专门的管理机构负责宏观规划 2. 数据生命周期隐私保护机制 3. 以人民满意为目标建设服务型数字政府 4. 从技术、制度等多角度破解数据开放共享难题 5. 构造规范有序的数字政府治理体系 6. 加强绩效评估推动数字政府建设 7. 设立首席信息官 8. 创新发展：新兴技术应用 9. "以公众服务为中心"
英国	1. "政府即平台" 2. 将更多权力交给公民并更好地满足他们的需要 3. 提供最优质的政府数字服务 4. 采用多元主体协作方式建设与管理数字政府 5. 应用新兴技术 6. "以用户为中心"
丹麦	1. 专门机构负责数字政府建设的宏观规划 2. 强调了信息安全的重要性 3. 拥有先进技术支持 4. 良好的人力资本 5. 强调数字政府是为公众服务的，充分考虑公众的个性化需求 6. 重视数据开放和数据安全
俄罗斯	1. 平台型政府是俄罗斯数字政府建设的核心理念 2. 基本原则为"政府即平台" 3. 数据管理是平台建设的关键 4. 超级服务是根据生活场景进行组合的国家服务综合体 5. 大力推动数字治理，设计"垂直落实"机制 6. 强大的IT基础设施是数字化系统运行的关键条件
日本	1. "绿色联动"战略 2. "开放数据" 3. "数字化第一" 4. "只一次" 5. "互联一站式" 6. 制定行政管理数据标准 7. 企业数字平台 8. 公共服务理念

续表

国家	数字政府战略特点
韩国	1. 采用"政府主导"模式，设立"电子政务特别委员会" 2. 以"高效政府"和"服务型政府"为愿景 3. 以信息共享数据公开为数字政府的核心 4. 应用信息技术推进数字政府建设 5. 构建系统平台强化跨政府部门互动 6. "以公众为中心"

一是各国数字政府建设总体发展阶段相似。从 20 世纪 80 年代开始至今，以上国家在数字政府建设过程中，大致经历了孕育、萌芽、成长、壮大和转型发展等五个阶段（倪建伟和杨璐嘉，2022）。具体表现为"信息化手段开始在政府管理中运用""IT 时代建设电子政府""以法治化和集成化推进政务平台建设""精细化优化电子政务系统""数据赋能政府数字化转型"。

二是加强顶层设计，重视数字化建设和发展。这些国家都认识到数字化对于经济、社会和政府的影响，因此对数字化建设和发展高度重视。这些国家注重数字技术的应用和创新，为数字化领域的创业提供良好的创业环境和政策支持。例如，美国先后发布《数字政府服务》《大数据研究与发展计划》《数字政府：构建一个 21 世纪平台以更好地服务美国人民》等，为公众、社会等主体提供更高质量的政务服务；英国于 2012 年先后发布《政府数字化战略》《数字政府即平台计划》等数字政府建设规划，韩国先后出台一系列可持续发展的数字政府建设规划。

三是以用户（公众）为中心。"以用户为中心"是这些国家在发展数字政府中非常重要的一个环节，各国围绕公民的需求来提供相应的服务，使公民可以以最快的速度得到自己想要的公共服务。既降低公民与政府之间的交易成本、时间成本，又可以使各项服务更加容易操作。

四是搭建统一的数字平台，"政府即平台"。借鉴英国"政府即平台"战略，全国性范围搭建统一的数字平台。一方面，以用户为中心的服务设计来提供全周期的数字化服务。全国统一的数字平台可以通过优化数据结构，加强数据管理，从而提高数据的质量和准确性，更好地为公民提供服务。另一方面，数字平台的构建，可以使居民的业务流程更加地规范和自动化，从而降低了人力成本，还能减少出错的概率，增强业务处理的透明性。

五是加大资金和资源投入。以上国家不仅注重数字技术的发展，也投入了大量的资金和资源用于数字化领域，不限于技术研发、人才培育、基础设施建设等方面。例如，在 20 世纪 80 年代韩国就启动"国家基础信息系统工程"；2013 年投入 180 亿韩元启动"吉咖韩国"计划，来提高无线宽带传输速度，这种资金的投入，不仅夯实了韩国的信息化基础设施，同时也使其在世界信息化技术领域领先其他国家。资金和资源的投入可以为数字政府建设提供强有力的基础保障，以保障这些国家在发展数字政府的进展和速度。

六是重视数据共享与数据安全。这些国家注重数据保护和隐私安全，通过制定法规和政策来保证数据的安全性和合法性，例如，在美国在 2014 年发布《联邦信息安全现代化法案》和在 2015 年颁布《联邦文职政府网络安全策略与执行计划》均旨在确保系统相关信息的机密性、完整性和可用性，保护数据和隐私安全；欧盟在 2018 年颁布《通用数据保护条例》（GDPR）重视数据保护与开放共享；丹麦在 2017 年发布《2018 ~ 2021 年丹麦网络和信息安全战略》以此来加强数字政府建设中的网络信息安全建设，建立可以抵御网络风险的国家网络中心，重视数据保护和隐私安全。

七是全面提升全民数字素养。加强数字教育和科技普及，这些国家注重培养国民数字素质以及科学技术的学习使用，以保障数字政府战略的顺利实施。在设计数字政府战略时均秉承以公众为中心的理念。例如，丹麦强调数字政府是为公众服务的，在设计公共机构网站时充分考虑公众的个性化需求；韩国在 3.0 政府中，通过数据开放和信息共享来为民众提供个性化服务；美国以建设人民满意为目标的服务型政府。这些举措均是为了更好的服务民众，为了更加全面地提升全民的数字素质，以此来使"数字鸿沟"转变为"数字红利"。

第五章

地方数字政府治理模式创新与经验比较

第一节　省域横向比较分析

近年来，以省域为中心的地方数字政府建设迅速在全国展开，地方政府在经济发展水平、数字化基础、管理制度等方面存在明显的差异，地方政府数字化改革的模式也会有所不同（翟云，2019）。为了进一步了解我国数字政府建设的发展现状，本部分结合联合国发布的《2022 年联合国电子政务调查报告》、中央党校（国家行政学院）电子政务研究中心公布的《省级政府和重点城市一体化政务服务能力（政务服务"好差评"）调查评估报告》等数字政府相关权威报告，通过对国内典型省份做法做横向比较，重点从全国整体情况、网上政务服务能力、政务基础设施、营商环境优化等方面进行深入分析，得出以下结论：

一、省域数字政府建设的整体情况

2023 年 2 月，中共中央、国务院印发的《数字中国建设整体布局规划》指出，"建设数字中国是数字时代推进中国式现代化的重要引擎，是构筑国家竞争新优势的有力支撑。要夯实数字中国建设基础、全面赋能经济社会发展、强化数字中国关键能力、优化数字化发展环境、做强做优做大数字经济、发展高效协同的数字政务。"党的十八大以来，国家加快推进数字政府建设，经过各方面共同努力，各级政府业务信息系统建设和应用成效显著，政务服务数据共享和开发利用积极推进（徐晓林等，2018），一体化政务服务和监管效能大幅提升，"最多跑一次""一网通办""一网统管""不见面审批""接诉即办"等创新实践不断完善，数字治理成效不断显现，为我国迈入数字政府建设新阶段打下了坚实基础[①]。整体来看，全国数字政府建设一盘棋工作格局初步形成，31 个省份[②]均建成各地统一的"互联网 + 政务"服务平台，以北京、上海、广东等为代表的先进省份已经形成各具特色的建设模式（王益民，2022）。分区域来看，我国省级数字政府发展梯度、地域分布存在不同程度的差异。数字政府省级的发展梯度与经济社会发展水平基本趋同（赵金旭等，2022）。东部地区数字政府发展整体优于中西部。

根据清华大学发布的《中国数字政府发展研究报告（2021）》显示在数字政府建设综合评估中，上海位列第一名（76.7 分），浙江、北京、广东次之，评估分数均在 70 以上，排名末三位的省份分别是云南、新疆、青海，得分为 40 分左右。除四川、贵州两省外，西部省份数字政府发展水平滞后于东部和中部地区、沿海地区滞后于内陆地区。该报告从组织机构、制度体系、治理能力和治理效果等维度构建了中国数字政府发展指数评估指标体系，并对全国 31 个省级和 101 个市级政府开展测评。根据测评结果，将 31 个省级政府划分为"引领型、优质型、特色型、发展型、追赶型"5 个发展类型，对数字政府发展的整体态势进行全景展示，如图 5 - 1 所示。

经济越发达的地区，数字政府发展水平越高。除四川和贵州之外，处于"引领性"和"优质型"的政府均为东部经济发达省份。"特色型"和"发展型"大多为中东部省份。追赶型大多为西部欠发达省份。此外，处于"优质型"的贵州和四川与处于"追赶型"的辽宁和河北数字政府发展与其经济发展程度不相匹配。这得益于贵州和四川在数字政府建设上的超前意识，如贵州率先在全国建立全省统一的电子印章服务平台；四川将数字政府作为建设数字四川的基础性和先导性工程，实施"上云用书赋智"

---

① 参见《国务院关于加强数字政府建设的指导意见》。
② 我国香港、澳门、台湾地区除外。

行动，走出一条具有四川地方特色的数字政府建设新路径；辽宁和河北政策制定的滞后导致其数字政府与经济发展不同步。如辽宁于 2022 年发布《辽宁省大数据发展条例》，提出开展全省一体化大数据中心建设，落后于贵州 2020 年发布的《贵州省大数据标准化体系建设规划（2020—2022年）》2 年；河北 2023 年发布的《河北省一体化政务大数据体系建设若干措施》落后其 3 年。

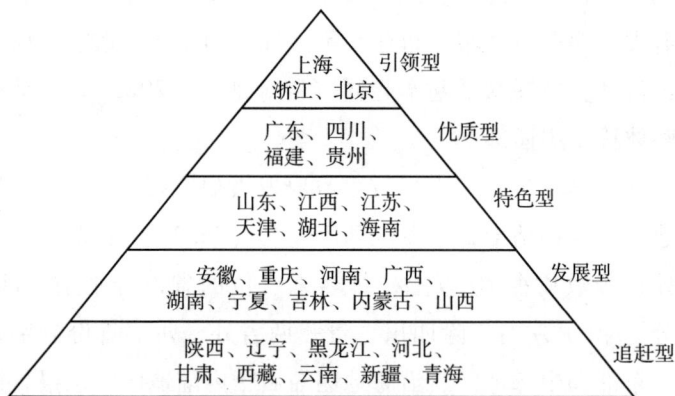

图 5 - 1　省级数字政府发展梯度分布情况

资料来源：《中国数字政府发展研究报告（2021）》。

就数字政府发展指数的分维度而言，在组织机构方面，经济发达的地区优势明显。广东得分为 10 分，位列第一名。东部地区发展整体较为成熟，多地得分排名处于领先地位；中部地区虽在整体上落后于东部，但各省同东部地区差距并不遥远；除得分排名相对靠前的四川、重庆、贵州、广西等省份之外，西部地区尽管整体发展较薄弱。可见，经济水平越强的省份，其组织机构发展水平越高，得分就越高。相比于经济落后地区，经济发达地区在数字政府组织机构的建设上更加先进。但黑龙江、安徽、广东、河南、江苏、四川等省份，因其在顶层设计、政策颁布、基于数字技术的综合治理方面表现比较好，在数字政府的组织机构发展水平远远高于该地区当前经济水平。

在制度体系建设方面，东部地区表现出明显的先进特征；浙江排名第一，评分 15 达到满分，上海、广东、福建、山东并列第二，得分 13.1 分。西部地区在贵州、广西以及中部地区的河南得分也较为靠前。辽宁、新疆、青海、西藏得分靠后，表明在数字政府建设过程中政策体系建设有待加强。

在治理能力方面，西部地区表现出明显的后发优势。四川、海南以38.1的得分并列第一。此外，除西部的贵州位于第三名，其他西部省份仍多处于落后追赶的位置；东部地区的整体发展仍然较为突出；中部地区总体则处于中段水平。

在治理效果方面，东部地区省份表现良好，北京（18.8）、上海（17.4）、浙江（15.3）位于前三名；中西部地区除重庆（13.2）、四川（12.8）等较好外，在整体上同东部地区存在一定差距。辽宁（8.2）、河北（7.9）等省份处于落后位置，其治理效果不够明显。东部地区数字政府建设开展较早，治理效果已经凸显，西部地区作为后起之秀，治理效果还需时间的检验。

二、网上政务服务

"互联网＋政务服务"是对传统线下行政模式的创新，改变了政府治理方式，是加快数字政府建设的新动力（何阳，2022）。近年来，我国各地政府积极搭建网络政务服务平台，基本实现"指尖上的政务服务"。2022年，中央党校（国家行政学院）电子政务研究中心发布的《省级政府和重点城市一体化政务服务能力调查评估报告（2022）》指出，得益于党中央、国务院对"网络强国""数字中国"战略布局的指引和连续多年的信息化建设，一体化政务服务能力显著提升。从省级政府层面看，北京、上海、江苏、浙江、广东、贵州等地区，在网上政务服务各个方面起到了良好的引领示范作用，持续保持全国领先水平。该报告显示（见表5-1）：2021年，31个省份一体化政务服务能力总体指数均处于中等梯度以上，说明我国一体化政务服务整体水平有了较大提升。超过一半的省级政府的一体化政务服务能力总体指数处于"非常高"梯度（超过90）。山东、河北、吉林等8个省份排名从2020年的"高"梯度升至"非常高"梯度。12个省级政府的一体化政务服务能力总体指数为"高"（90～80之间）。西藏、陕西和甘肃3个省份由"低"升至"中"。山西、青海等4个省级政府的一体化政务服务能力总体指数为"中"。这是由于很多高水平的省份（例如安徽、广东、贵州）是"互联网＋政务服务"政策的先行试点。先行试点作为政策的领头羊，优先推行改革政策的同时积极创新，一体化政务服务的发展因此领先于其他地区。

表 5 – 1 2021 年省级政府一体化政务服务能力水平分布

指标	省级政府
非常高（≥90）	北京、河北（＋）、吉林（＋）上海、江苏、浙江、安徽、福建（＋）、山东（＋）、河南（＋）、湖北（＋）、广东、重庆（＋）、四川、贵州、宁夏（＋）
高（90－80）	天津、内蒙古、辽宁、黑龙江、江西、湖南、广西、海南、云南、西藏（＋）、陕西（＋）、甘肃（＋）
中（80－65）	山西、青海、新疆、新疆生产建设兵团
低（≤60）	—

注：按照行政区划排序，名后面的（＋）标记代表从较低的组别升至更高的组别。
资料来源：《省级政府和重点城市一体化政务服务能力调查评估报告（2022）》。

在政府电子服务能力方面，发展进程与经济发展和地理禀赋不同步。南京大学发布的《政府电子服务能力指数报告（2022 版）》结果显示，安徽省的政府电子服务能力综合指数位居首位。江西、贵州、宁夏、四川等西部经济不够发达的省份排名均靠前，辽宁、新疆等省份托底。在政府"新媒体"分指数和政务"双微"分指数方面均表现突出。得益于这些省份"赣服通""省内通办""天府通办"等创新实践使得政府电子服务渠道更加多样、应用场景更为丰富、服务体验更加智慧化。

在政务服务"新媒体"方面，报告显示，上海市的政府电子服务能力"新媒体"指数评分在四个直辖市中位居第一。安徽省的政府电子服务能力"新媒体"指数在各省份中位居首位，江西、浙江、广东、江苏和贵州分列 2～6 位，山东和辽宁分别位列第九位和第二十三位。具体而言，政府电子服务渠道特征日益鲜明，网站和 App 渠道专攻办事服务，微博和短视频渠道注重信息宣传，微信渠道则得益于"小程序"的飞速发展在两方面齐头并进。政府电子服务应用场景更为丰富，逐步汇聚成套餐式服务、"一证通办"和群众日常便民服务等多层次应用场景。

在政府电子服务能力"新媒体"指数方面,安徽省位居首位。江西、江苏、浙江、贵州和河北分列 2 ~ 6 位。主要体现在:数字"新基建"赋能"数字政务",逐渐向短视频平台、知识分享平台和 FM 音频平台拓展,形成矩阵传播,快速达到"点 - 面 - 体"多层次效应;内容形式创新,聚焦公众需求,用户体验更为个性化与智慧化,移动政务服务能力显著提升。在政府电子服务能力"双微"指数方面,安徽位居首位,江西、广东、贵州、湖北和江苏分列 2 ~ 6 位。主要体现在:政务微信方面,信息与办事服务逐步成熟,"小程序"迅猛发展。政务微博方面,回应关切的渠道,互动交流的桥梁,舆论引导工作的新格局,进入稳步发展阶段。

三、政府网站绩效

政府门户网站是政府向社会开放信息的重要窗口,同时也是数字政府建设的重要着力点(王伟玲,2022)。在政府网站绩效方面,各部门围绕公众需求,积极展开创新实践。网站不断拓展政务公开路径提升实用性,多地推动政务服务平台、实体大厅、政务服务热线等各类服务渠道标准统一、协同调度。同时,利用数据技术加持,助力网站发展再上新台阶。

就省级政府网站而言,2022 年 12 月,清华大学发布的《2022 年中国政府网站绩效评估报告》从信息公开、政策解读、在线服务、互动交流、展现标识、政务新媒体、传播应用、监督管理和优秀创新案例 9 个方面评估了各地区政府网站绩效水平,并根据评估结果将 31 个省份①分成"卓越""优秀""良好""中等""待改进"五个梯度(见表 5 - 2)。

表 5 - 2 省级政府门户网站梯度分析

综合指数	梯度	网站
[0.9, 1]	卓越	无
[0.8, 0.9)	优秀	安徽、北京、福建、广东、贵州、海南、湖南、江苏、内蒙古、上海、四川、云南、浙江、重庆

---

① 我国的香港、澳门、台湾地区不在此次评估范围内。

续表

综合指数	梯度	网站
[0.7, 0.8)	良好	甘肃、广西、河北、河南、黑龙江、湖北、吉林、江西、辽宁、青海、山东、山西、陕西、天津
[0.6, 0.7)	中等	宁夏、西藏、新疆、新疆生产建设兵团
[0, 0.6)	待改进	无

资料来源：《2022 年中国政府网站绩效评估报告》。

省级政府网站总体建设发展相对均衡，集中于优秀和良好梯度中。整体评估后尚无省份处于卓越和待改进梯度中，说明我国政府门户网站的建设成效显著，政府网站向着规范化、成熟化发展，但仍有上升空间，网上政务服务有待进一步优化。在直辖市政府网站建设评估中，北京第一，上海和重庆次之。省政府网站建设评估中，广东、贵州两省综合得分位于前两名，四川和海南并列第三名。浙江、福建、安徽、内蒙古、云南、江苏/湖南位列第五名至第十名。宁夏、西藏和新疆位于后三名。处于优秀梯度的政府网站集中在东部沿海和西南区域，处于良好梯度的政府网站主要分布在中部和东北区域，处于中等梯度的政府网站主要集中在西部地区。可见，除北京和内蒙古之外，南方地区省份在政府门户网站的建设上普遍优于北方省份，东部优于西部。

就分指标而言，政府网站一级指标的评价结果显示，各省份在"信息公开"、"在线服务"和"展现设计"三方面表现均突出。得益于国家在政务公开标准化规范化建设、一体化政务服务平台建设和政府网站集约化建设等方面的政策引导和试点经验的推广。"政策解读"、"互动交流"、"传播应用"和"监督管理"等指标的表现在各省份之间参差不齐，广东、上海、贵州等省份在"政策解读"和"监督管理"方面有明显优势；北京、山东在"互动交流"和"传播应用"方面较为突出；辽宁、天津、宁夏等省份在"互动交流"、"传播应用"和"监督管理"方面存在明显短板，亟待进行针对性的改进优化。

四、政务基础设施

政务基础设施是数字政府建设的基础，也是推进政府治理现代化的有力支撑。近年来，各级政府大力推进数字化政务基础设施建设工作。2022年9月，河南省发展和改革委员会和清华大学互联网产业研究院共同发布了《中国新型基础设施竞争力指数报告（2022）》[①]，从"信息基础设施""融合基础设施""创新基础设施"三方面构建评价体系，定量评价我国新基建的整体发展现状和地方发展差异。并根据得分情况将全国各省分成4个梯队。

东部地区新兴技术设施遥遥领先。报告显示，东部地区的新型基础设施竞争力总指数和三项一级指标分中，均领先于全国其他地区省份。北京、广东、江苏等领衔第一梯队。中部地区次之，河南、湖北、安徽等中部地区位于第二梯队。西部地区和东北地区新型基础设施竞争力指数排名居后，有较大的发展空间。例如贵州和辽宁分别位列第十八名和第二十名，位于第三梯队。此外，报告还显示，31个省份的整体平均分为77.27，中位数为75.44，有14个省份高于该平均分。相比于2021年平均分76.28和中位数76.47，表明各省份的新基建发展在不均衡加大。

就分指数而言，东部和中部地区的经济基础和基建基础较为雄厚，相比于经济欠发达地区（西部地区和东北地区），在多个指标上均有较大领先。北京、浙江、上海分别在创新基础设施指数得分、融合基础设施指数得分、信息基础设施指数得分中位居全国第一。在信息基础设施指数方面，除了总指数排名领先的北京、广东和江苏之外，上海、浙江、重庆较为领先。在融合基础设施指数方面，浙江、山东、河南较为领先。在创新基础设施方面，浙江、上海、山东排名靠前。辽宁和陕西虽然在新型基础设施综合指数排名中靠后，但在创新基础设施排名位居第九名和第十名，说明二者的创新能力较强。

[①] 朱岩，李红娟. 中国新型基础设施竞争力指数报告（2022）［M］. 北京：清华大学出版社，2022.

据《2020 中国数字政府建设白皮书》[①] 显示,"新基建"正成为数字政府建设的新机遇。广东基础设施建设指数为 86.0,排名第一,且远高于其他省市,处于第一梯队;浙江、山东、北京等 6 个省份处于第二梯队,其指数平均值为 73.4;河北等 11 个省(区、市)处于第三梯队,其指数平均值为 51.4;江西等 13 个省份处于第四梯队,其指数平均值为 39.9。可见,东部地区的数字政府建设水平远优于其他三个地区,其指数平均值达到 63.2。紧随其后的是中部地区,其指数平均值达到 51.3。东北地区与西部地区的数字政府建设水平较低,指数平均值分别为 44.9 和 43.6,在新型基础设施建设方面还需加大力度。这种差异一方面是由于东部地区具备良好的经济和社会发展基础。良好的经济基础为基础设施建设提供了保障。另一方面是由于东部地区在顶层设计方面对新型基础设施建设的重视。

五、政务数据共享与安全

数字政务数据越来越成为当代社会政务服务的核心支柱,推进了政府治理能力的现代化发展(高亚楠,2021)。近年来,各地积极推进政务信息资源共享机制建设,通过组织成立大数据管理机构、颁布一系列政策制度等方式,基本实现了政府数据的部门间共享与开放。全国一体化数据共享交换平台基本建成,一体化的数据共享机制逐步完善。据 2022 年 6 月,华中师范大学信息管理学院发布的《中国政府开放数据利用研究报告(2022)》[②] 指出,"截至 2021 年底,全国有 670 个省、市、县区政府建立了地方性政府数据开放平台,全国一线城市开放数据平台建设率为 100%。"

在数据平台建设方面,2021 年,全国政府数据开放平台新增 36 个,较 2020 年同比增长 18.56%。大部分地区已经上线了政府数据开放平台。但在各方面的发展存在不均衡:从行政层级来看,我国省、副省、地级市

---

① 赛迪顾问股份有限公司. 2020 中国数字政府建设白皮书 [EB/OL]. http://jxic. jiangxi. gov. cn/attach/0/180e1b9aa9dc4965ad98822b042c4acb. pdf.
② 华中师范大学信息管理学院. 中国政府开放数据利用研究报告(2022)[EB/OL]. http:// imd. ccnu. edu. cn/info/1046/12620. htm.

与县区级政府数据开放平台建设水平随行政等级的降低呈递减趋势。省级、副省级建设率较高，县区级政府数据平台建设率较低。从平台类型来看，政府数据开放嵌入式平台占比高至 80.15%；数据统一汇聚在一个专门平台上进行来访的独立平台占比为 19.85%。从平台所属地区来看，拥有较为成熟的数据开放平台的地区主要集中于华东、华南和西南地区，华北也尚可；待建设平台主要集中于西北、华中和东北。

在可供分析数据建设方面，政府数据开放率与当地城市建设水平呈正相关。2021 年全国一线城市开放数据平台建设率为 100%，新一线城市 66.67% 次之，二线城市 63.33% 紧随其后，三线城市 41.43% 和四线城市 34.44% 处于落后水平。在数据可获得性方面，各平台提供的数据集大多是根据用户下载习惯设置的，能够较大程度上满足用户需求。在数据可用性方面，保障该权利的平台比例为 73.26%，未明确该项权利的平台占比 26.74%。

在数据利用方面，综合来看，地区公共平台政府开放数据的利用行为差异明显。在主题视角下，应用最多的是与民众生活息息相关的主题例如民生服务、社保就业和机构团体。研究发现，浏览量与下载量之间存在关联性，一些数据集例如信用服务、农业农村浏览量和下载量较低，但开放数据集的总量与其浏览量和下载量并没有必然的消极或积极的影响；尽管一些主题数据集例如机构团体、医疗卫生等的开放总量较少，但浏览量和下载量却很高。

此外，《2020 中国数字政府建设白皮书》[①] 在基础设施建设、数据、服务、安全与保障、应用 5 个方面对全国数字政府指数进行了评估。在数字政府数据指数方面，上海、浙江、贵州、山东、福建 5 个省份得分相差不大，平均得分 80.4，位于第一梯队。北京、天津等 8 个省份处于第二梯队，平均得分 67.7。重庆、辽宁等 8 个省份处于第三梯队，指数得分参差不齐，分布在 29~52 之间。甘肃等 10 个省份指数低于全国均值，处于第四梯队，与第一、第二梯队的差距相对较大。具体来看，排名靠前的

---

① 2020 中国数字政府建设白皮书 [EB/OL]. http：//jxic. jiangxi. gov. cn/attach/0/180e1b9aa 9dc4965ad98822b042c4acb. pdf？eqid = edfafdfd001b41ff00000004642ab9de.

省份主要得益于其对开放共享的数据资源体系的创新。例如浙江推进"一数一源一标准"全生命周期治理①，统筹建设数据治理分类分级标准，充分发挥"数据高铁"作用。山东强化政务数据统筹管理，开展"统云、并网、聚数"攻坚行动、"一平台一个号、一张网一朵云"建设，建设全省一体化大数据平台，开展"数源、数治、数用"行动，扩大政务数据共享开放。

六、新型智慧城市建设

新智慧城市是在现代信息社会条件下，针对城市经济、社会发展的现实需求，以提升人民群众的幸福感和满意度为核心，为提升城市发展方式的智慧化而开展的改革创新系统工程（唐斯斯等，2020）。2022年，国家市场监管总局发布《新型智慧城市评价指标》，规定了新型智慧城市指标习题、指标说明和指标权重，指出了未来方向和内容，指导各级政府通过评价指标了解建设现状以及存在的问题。并以评价工作为抓手，使智慧城市的最佳实践得以固化，为其他城市的智慧化建设提供指导。近年来，随着物联网、云计算、大数据等新一代信息技术的运用，我国不少城市相继插上了"智慧"的翅膀。当前，我国新型智慧城市建设进入新的发展阶段，在国家战略的指引下，各级政府积极响应，各部门持续推进，我国新型智慧城市建设在基础设施、公共服务和城市治理等方面都取得了显著成效，涌现出"一网统管""高效办成一件事""城市大脑"、数据感知等一系列具有独特的数字化场景应用，在一些领域为全球智慧城市建设贡献了"中国经验"。但目前智慧城市建设仍趋向于政府主导模式，缺少社会多元参与，未来应形成政府主导、全民参与、政企合作的多方共建生态。

2022年，天眼查发布的《2022中国智慧城市建设发展洞察报告》②指出如图5-2所示，截至2020年底，中国智慧城市已有900余个，在战

① 光明网. 数智赋能网格化社会治理的"疏堵"之策［EB/OL］. https：//m. gmw. cn/baijia/2022 – 12/12/36229711. html.

② 天眼查. 2022 中国智慧城市建设发展洞察报告［EB/OL］. https：//www. guotaixia. com/post/4066. html.

略、技术创新、社区、民生政务管理、人文旅游等多个方面，涌现出一大批代表城市。专利数据与市场规模数量，与智慧城市发展阶段呈现正相关，广东、湖南、安徽 3 个省份的智慧城市相关企业数量位列全国前三。智慧城市近 5 年内相关专利数量快速增长；从概念导入到集成融合，智慧城市建设进入新阶段；智慧城市系统框架包括智慧城市设计、建设、运营、管理、保障各个方面。在智慧城市方面，智慧城市试点已有 900 余个，涉及技术、民生等多项领域，广东智慧城市相关企业数量位列第一；在智慧城管方面，新一代信息技术为支撑，构建知识创新 2.0 的城市管理新模式，利用新技术，推动城市管理工作从数字化、网络化向智能化加速迈进；消除"信息孤岛"，实现智能监管、信息共享和业务协调；在智慧交通方面，智慧交通覆盖范围广，专利数量逐年增加。具体而言：

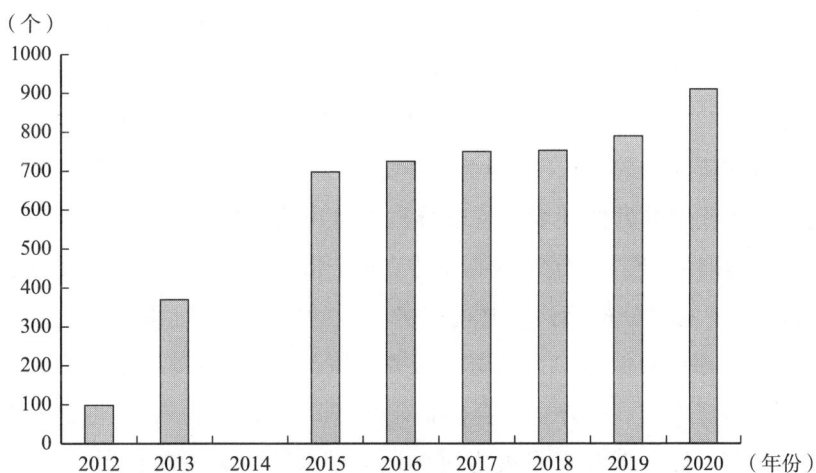

图 5 - 2　2012 ~ 2020 年智慧城市累计试点数量

资料来源：《2022 中国智慧城市建设发展洞察报告》。

典型城市发展模式各具特色。例如北京的"一网通办"惠民服务将便捷高效"一网统管"城市治理智能协调；建设区域级车路云一体化系统，推进车城协同发展（基础设施与智能网联汽车协同发展），为全国智慧城市建设贡献了"北京经验"；上海以智能协同、开放共享的城市数字底座为支撑，使其与中枢、平台互联互通，实现经济、生活、治理数字化"三位一体"，政府、市场、社会"多元共治"，形成城市数字化的基本框架，力争建设成有世界影响力的国际数字之都。浙江杭州，打造"全国数字经济第一城"和"数字治理第一城"，着力建设"城市大脑城管系统"，推进数字城管再升级，用"城市大脑"打造"智慧城市"；湖南长沙以"五个一"构架体系支撑惠民服务、生态宜居、智慧治理和产业经济，实现新型智慧城市稳定运行，力争建设"全国新型智慧示范城市"，着力建设"长沙超级大脑"，初步形成"一脑赋能、数惠全城"的智慧城市运行格局。值得一提的是，在《互联网周刊》公布的"2021 智慧城市案例 TOP10"榜单中，湖南长沙排名全国第四。四川成都实行智慧蓉城"1133"创新推行网络理政，打造泛在智慧之都、宜居包容之城。

七、营商环境优化

中国整体营商环境逐年向好。2023 年 4 月，中国贸促会发布的《2022 年度中国营商环境研究报告》① 显示，"近年来，中国营商环境持续优化，2022 年，企业对中国营商环境整体评价良好，受访企业对全国营商环境评价为 4.38 分，满分为 5 分，与 2021 年持平。"大部分企业认为近三年，我国的营商环境有所改善，并对我国的营商环境表示满意（见图 5－3、图 5－4）。12 个一级指标中，6 个指标评价有所提升。分指标中"社会信用"的评分最高，"财税服务"、"社会法治"和"海关服务环境"次之。评价最低的"人力资源服务环境""金融服务环境"有待进一步提升。中部地区、中外合资合作企业及资源行业评价较高；双循环新格局和"一带一路"高质量发展为西部地区带来了巨大发展机遇，在政府、有关服务机构以及广大企业的共同努力下，2022 年中国西部地区营商环境评价提升显著。2022 年，新冠疫情影响持续扩大，近九成企业受到疫情不同程度消极影响，收入同比增长的企业较 2021 年降低 13.2%，但仅有 7% 的企业对未来发展持"悲观"态度。

---

① 贸促会研究院.2022 年度中国营商环境研究报告 [EB/OL]. http：//www.ccpit-academy.org/Content－149－2332.html.

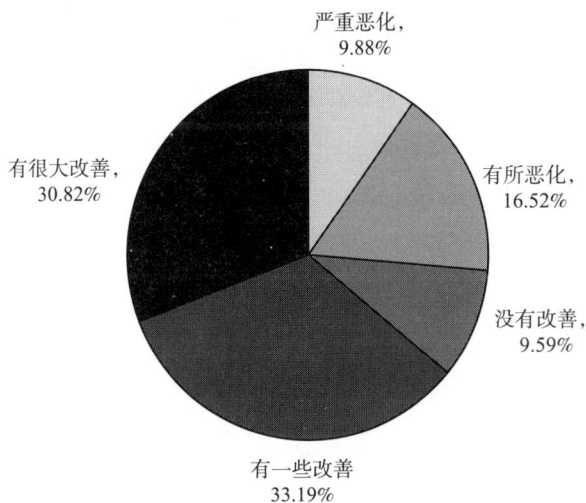

图 5 - 3　近三年中国营商环境改善情况

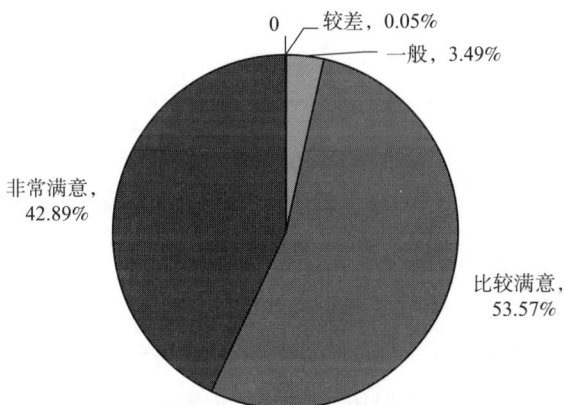

图 5 - 4　营商环境满意度

资料来源：《2022 年度中国营商环境研究报告》。

　　就各省份而言，我国营商环境呈现层次化特征。由北京大学和武汉大学联合发布的《中国省份营商环境研究报告 2020》[①] 显示如表 5 - 3 所示，各省份营商环境呈现层次化特征，子环境的均衡度存在较大差异。北京和上海营商环境评价指数排前两名，处于标杆水平，广东和四川两省紧随其

————————

　　① 《2020 年度中国营商环境研究报告》［EB/OL］. https：//www. gsm. pku. edu. cn/zhongguoshengfenyingshanghuanjingyanjiubaogao2020. pdf.

后，处于领先水平。浙江位于前列，山东和贵州处于中上水平。

表 5 - 3 中国 31 省份营商环境评价等级分类

等级	值域	排名	水平	省级行政区
A +	>75	1~2	标杆	北京、上海
A	65~75	3~4	领先	广东、四川
A -	60~65	5~7	前列	江苏、重庆、浙江
B +	55~60	8~12	中上	安徽、山东、贵州、河南、海南
B	50~55	13~20	中等	江西、福建、云南、河北、湖北、天津、宁夏、吉林
B -	40~50	21~29	落后	黑龙江、辽宁、陕西、山西、内蒙古、湖南、新疆、青海、甘肃
C	30~40	30~31	托底	广西、西藏

资料来源：《2020 年度中国营商环境研究报告》。

营商环境水平和经济发展水平并不一致，部分省份的营商环境得分与地理禀赋或经济实力不匹配。总体来看，东北三省营商环境处于垫底水平，吉林、黑龙江分属中等，经济相对靠前的辽宁处于落后档。部分省份"子环境均衡度"与"整体营商环境"严重倒挂。浙江和贵州，虽然排名靠前，但子环境均衡度较差，存在严重倒挂，浙江的法律政策环境，贵州的市场环境和人文环境是短板。

不同区域的营商环境差异显著：得益于东部率先发展战略和自身资源禀赋，华东地区名列前茅；西南、华北、华南地区顶层设计超前，位列华东地区之后，这 4 个地区评分高于全国均值；其次是华中、东北和西北地区，评分低于全国均值，体现出这些地区营商环境建设的滞后意识；东北和西北处于托底水平，可能是由于东北和西北地区的区位劣势和落后的资源禀赋导致的。

第二节 典型省份数字政府治理经验比较

虽然"政府主导 + 多主体协同"的数字化协同治理模式初步确立

（王孟嘉，2021；吴磊，2020；刘淑春，2018），治理模式创新仍需探索与完善。现阶段仍存在一些现实问题亟须解决，例如各地数字政府发展不平衡，广东、浙江等数字资源丰富的先进省份，其治理模式是否广泛适用。然而，目前研究多集中于与传统科层制比较（江文路和张小劲，2021），或广东、浙江等典型省份模式探索的单案例研究（吴磊，2020；刘淑春，2018），缺少多案例比较分析。数字政府建设是一个可持续、动态的过程。一些内陆不发达（贵州"七朵云"）或曾处数字政府建设中下游省份（山东"无证明城市"）通过治理模式创新取得了新进展。

基于此，本书采用多案例比较分析方法，拟选取浙江、广东、上海、贵州、山东、辽宁等代表性省份为例，就顶层设计（制度创新）、数据治理创新、治理模式创新、数字营商环境优化等多维度进行对比分析，为辽宁乃至我国地方数字政府建设提供借鉴参考。

一、案例研究与研究设计

研究问题的性质在很大程度上决定了研究方法的选择。案例研究是一种在自然情境下直接观察社会现象及其复杂结构的社会研究方法。作为一种归纳式研究，与定量实证研究的演绎逻辑互为补充（Yin，2003）。本书主要探讨我国各地数字政府治理模式比较的问题，涉及探寻我国不同区域数字政府治理的差异化发展路径，满足案例研究中"怎么样"（how）和"为什么"（why）的要求（Yin，2009）；同时，根据某学者的实践研究经验（Yin，2004），探索性案例研究往往在总结、归纳以及概括出商业现象发展背后的一般规律方面具有优势（Eisenhardt，1989）在这种情况下，本书立足于探索性案例研究旨在探寻我国不同区域数字政府治理的差异化发展路径。

案例研究可分为单案例研究和多案例研究。单案例研究通常会选择较为能够带来非同寻常的启示或典型情境下的极端案例，运用极端案例展示某一主题的演化过程及其逻辑关系，挑战现有理论，进而构建新理论。而多案例研究是对单案例研究方法的一种变形，可以帮助明晰案例现象或事件可能会在何种情境或条件下发生，还有助于从收集的经验数据中生产具有较高普遍性的类属（Miles Huberman，2008）。其潜在的分析逻辑是"复制"，即将一系列案例看成一系列实验（Eisenhardt，1989），通过反复对比分析提高案例研究的外部效度，增强研究结论的普适性（Eisenhardt and Graebner，2007）。此外，多案例研究在相关问题的解释力上更强，能够更充分地描述一种现象的存在，是建立理论的一个非常有效的方法，能够实现单案例之间的复制与发展，将现象间互补的关系融合在一起，建立更为完善和精确的理论（Eisenhardt，1989；Eisenhardt and Graebner，2007）。

因此，鉴于多案例研究方法的优点以及本书的研究出发点和目的，本书拟采用多案例研究方法，选择浙江、广东、上海、贵州、山东、辽宁这6个省份的数字政府作为案例研究对象，以尝试对本书问题予以分析和探讨。在案例选择上，主要基于三个方面的考虑：

第一，数字政府治理模式典型性与内容适配性。各地纷纷开展的数字政府治理工作，以创新助推政府数字化转型。据《中国数字政府发展研究报告》显示，浙江"最多跑一次"改革、上海"一网通办"改革、山东数字政府"五篇文章"建设、贵州"云上贵州"建设等做法，在全国范围内有一定的示范引领作用。适合本书探讨的核心问题，即"揭示数字政府治理模式，探寻我国不同区域数字政府治理的差异化发展路径"。

第二，逻辑复制性。本书选取6个案例考虑了多方面的因素，分别来自我国不同地理区域（东北、东南沿海）、不同经济发展水平（既考虑了GDP排名[①]靠前的广东、浙江和上海，又考虑到了国内生产总值（GDP）排名居中的山东和辽宁与较落后的贵州），通过将不同案例进行对比分析，对得出的结论进行检验（Eisenhardt，1989）。正如尹（Yin，1984）所述，多案例研究中每个个案都可以被当作一系列的实验，而彼此之间能够进行反复验证，为证实或驳斥其他案例产生的新概念提供服务。同时，选取不同区域省市数字政府建设，体现了样本异质性，有助于提高研究结论的外部效度。

第三，数据可获得性。本书是笔者前期研究的顺延。围绕数字政府相

---

① 根据国家统计局（http：//www. stats. gov. cn/）相关数据进行排名。

关内容，在省委、省政府内刊发表咨政建议 3 篇，相关建议得到正省级领导肯定性批示、转化为省内重要文件，并主持辽宁社科规划基金重点项目等省级课题 5 项。同时，研究团队与辽宁省委、省政府、省大数据局等政府部门建立了良好又紧密的合作关系，可以较为方便且全面地进行调研并获取相关内部材料。此外，本书选择的其他五个案例省份，均为作为数字政府建设具有影响力的案例，其治理模式与相关研究已经引起学术界、新闻界等社会的广泛关注，有较为丰富的数据资料，这为收集这些案例的二手数据创造了极为有利的条件。

二、典型省份数字政府经验借鉴与比较

（一）广东经验做法

1. 顶层设计

一是高度重视数字政府改革建设。作为国内最早提出建设数字政府的省份，广东将其作为全省深化改革重点任务中的首要任务。先后制定《广东"数字政府"改革建设方案》《广东省"数字政府"建设总体规划(2018～2020 年)》《广东省数字政府改革建设 2022 年工作要点》等。2019 年 3 月 27 日，广东省"数字政府"改革建设专家委员会，作为广东省政府的决策咨询机构正式成立。旨在充分发挥国内专家学者、行业领军人才的智力支持和决策参谋作用，进一步提升广东"数字政府"改革建设的科学化水平。

二是数字政府改革建设"12345＋N"工作业务体系①，探索全国数字

---

① 具体内容为："1"：牵头一个要素市场。推进数据要素市场化配置改革，助力数字经济发展。"2"：围绕《广东省政务服务条例》《广东省数据条例》两部基础法规编制，完善构建数字政府制度体系。"3"：三大支撑体系。建成数字政府建设运营中心、省政务服务数据事务中心和广东数字政府研究院。"4"：瞄准四个主攻方向。政务服务"一网通办"、省域治理"一网统管"、政府运行"一网协同"和数据资源"一网共享"。"5"：突出五大产研带动。培育形成信创产业联盟、数字政府建设产业联盟、数据发展联盟、数字政府网络安全产业联盟和省电子政务协会。"N"：系列标志性成果。持续打造粤省事、粤商通、粤商易、粤省心、粤智助、粤优行、粤治慧、粤公平等"粤系列"平台，以及数字财政、智慧水利、数字住建、智慧医院、智慧消防等一大批数字政府创新成果。

资料来源：广东省政务服务数据管理局 . 2022 年广东数字政府这样干［EB/OL］. http://zf-sg. gd. gov. cn/xxfb/ywsd/content/post_3816806. html.

政府建设"广东路径"。持续推进数据要素市场化配置改革，稳步实施政务服务一网通办、社会治理一网统管、搭建数据资源"一网共享"体系，为提升政府治理能力现代化水平、统筹疫情防控和经济社会高质量发展发挥出应有作用。加快全省一体化发展，推动城市治理数字化、数智化转型，推进广东省数字政府建设开启新征程。目前，广东政务服务网"一件事"主体集成服务已拓展到10954个，网办率超4%。各地政务服务水平得到明显提升，超1280项服务可跨区域在线办理（张李源清，2022）。

三是确立"全省一盘棋工作"推动机制。由省政务服务数据管理局牵头统筹建立数字政府改革建设领导小组，实现各部门主要领导负责制，对数字政府建设工作作出顶层设计和总体规划。

2. 治理模式创新

一是"政企合作、管运分离"模式。采用"协同治理"的工作思维，着力于实现数字政府建设中政府与市场间的合作，打造政企合作新局面。腾讯和三大运营商共同出资组建了数字广东公司，广东将其作为省数字政府的运营中心，形成"1+3+N"的"政企合作"模式，形成政企合作的"管理协同"（吴磊，2020）。这种治理模式被称为"政企合作、管运分离"，既肯定政府在顶层规划、组织协调、行政监管等方面发挥作用，又主张数字企业和电信运营商积极应用自身技术优势，有效形成建设能力的集约效应。完善"一网统管"省市联动体系。

二是"粤系列"品牌建设成效显著，形成"1+N+M"政务云平台。推出全国首个集成民生服务微信小程序"粤省事"App，截至目前已上线服务事项2489项，用户注册高达1.75亿，是全国政务服务平台中使用人数最多、功能最齐全、活跃度最高的平台。"粤商通"涉企移动政务服务平台，已上线涉企服务事项3273项，市场主体注册量突破1274.3万。"粤政易"移动办公平台，作为全省公职人员的政务微信，接入政务应用1000多项，开通用户240万，最大日活跃人数达140万。

3. 技术赋能

一是加强技术赋能，拓展数字服务。进一步延伸技术服务场景，运用"5G+4K/8K"超高清技术，健全在线服务视频咨询、语音连麦等功能模块，打造"零距离＋零延时"的"在场"服务体验。

二是加强技术治理，推进城市转型。进一步深化云计算、人工智能、物联网等技术在社会治理的融合应用。加快推进省、市、区县三级"一网统管"基础平台建设，扩大智慧城市综合改革试点范围。加快构建建筑信息模型（BIM）和城市信息模型（CIM）基础平台，推动二者深度融合应用，探索构建"数字孪生城市"，全面推进市域治理"一网统管"。

三是建设"一片云""一张网"框架。即建设省市两级政务云平台和大数据中心，提升政务云资源精细化管理水平。完善一体化政务大数据体系。整合联通各级各部门分散建设的业务系统、自建机房和业务专网，推进"管理1＋N"模式落地及网络集约化建设。形成全省"一片云、一张网"。按照"省统、市建、共推"模式，选择部分地市开展专业系统和应用建设，各地各部门结合实际进行选择复用，有效避免多头重复建设。有力推动了广东数字政府建设的速度和效率，也让政府工作运行更加的协同高效。

4. 数据开放与共享

一是建立首席数据官制度。2021年4月，广东出台了《广东省首席数据官制度试点工作方案》，设立首席数据官评价指标，建立首席数据官评价机制。为广东数字政府发展建设注入活力。首先，健全"数聚"机制，通过组建"两官一员"组织体系、健全数据全生命周期管理机制、强化数据基础设施建设，推动数据资源从"碎片"走向"整合"，提升了数据应用的质量和效能（蒋敏娟，2022）。其次，创新"数治"场景，以关键数据资源作为切入口，打造一批新型数字场景应用，将大数据转化为现实的"治理力"，推动城市治理从"粗放"走向"精细"，从而促进城市数字化转型。推动发展决策更加科学化、智能化、具象化。最后，营造"数通"生态，在全国率先开展数据经纪人制度的探索，全力打造数据要素市场化配置改革先行地和新高地。推动数据流通从"工厂"走向"市场"。首席数据官制度是大数据时代数据治理碎片化的回应，是新时代治国理政的新形态和新方式，也是政府治理现代化追求的必然要求。

二是创新公共数据治理模式。成立公共数据运营机构和数据交易所，推进公共数据确权与评价体系构建，拓宽应用场景。制定系统的公共数据运营规则，搭建结构清晰、系统高效的数据要素标准体系；加快制定公共数据分类分级管理制度，优化全省政务数据共享协调机制，挖掘数据价值，推进政务数据有序共享，推进重点领域数据创新应用，推动数据经纪人、建立"数据海关"等。

三是加强数据共享。广东推进政务大数据中心建设，以解决"数据孤岛"的问题。建设省级数据交易场所，促进数据交易和共享。推进技术融合、业务融合和数据融合，为全省提供一体化的政务大数据公共平台服务和公共基础数据库服务，实现全省跨层级、跨地域、跨系统、跨部门、跨业务的协同管理和服务。完善数据流共享制度，制定数据流通管理法规，保护数据交易双方的合法权利，同时建立数据交易监管制度，搭建数据交易监管平台。

四是加强数字政府网络安全防护体系建设。连续 3 年举办"粤盾"数字政府网络安全攻防演练活动，有力检验了全网安全防护能力，形成了一批务实管用的演练成果，为加强数字政府建设、促进广东经济社会平稳健康发展提供了重要支撑。"粤盾 – 2022"是广东举办的第三届数字政府网络安全实战演练活动。以"夯实安全基座，筑牢安全防线"为主题，邀请了 50 支全国顶尖网络安全攻击队伍，对全省 1 万多个政务信息系统，重点对 120 个核心重要政务系统、云平台及大数据中心，开展为期 5 天"24 小时、跨周末"的实兵、实网、实战攻防演练。演练发现并通报了 284 个网络安全隐患，比 2020 年、2021 年分别减少了 71.1%、28.3%，充分说明各地、各部门网络安全防护工作水平有了质的提升。

5. 营商环境优化

一是推深化"放管服"改革。实行"一枚印章管审批"，成立一站式审批机构"行政审批局"打造一站式、免证办涉企移动政务服务平台"粤商通"。"推行公安服务'一窗通办'""推行企业办事'一照通办'""进一步扩大电子证照、电子签章等应用范围"。截至 2021 年底，广东局共有依申请事项 69 项，事项办理时限压缩率达 84.21%，即办件占比达 39.13%，平均提交材料为 4.46 份，所有事项均可全程网办。

二是把优化营商环境作为深化改革的"头号工程"。首创"商事制度确认制",主动调整政府职能,推动审批去许可化,将政府赋予市场主体资格,改为政府对市场主体资格依法进行确认并对外公示,推动建立完善统一、公开、透明的市场准入制度,探索建立市场主体除名制度、破产管理人选任制度,从而实现对营商环境的优化。

三是推出惠企红利政策。以"激发活力"为主线,为企业创新发展松绑减负,建立优惠政策免申即享机制。实施深化增值税改革政策,为企业减税减负。出台"民营经济十条",重点围绕优化审批服务、放宽市场准入、降低民营企业生产经营成本、缓解民营企业融资难融资贵、健全民营企业公共服务体系、推动民营企业创新发展、支持民营企业培养和引进人才、强化对民营企业合法权益的保护、弘扬企业家精神、构建亲清新型政商关系等方面提出新举措。

四是完善市场主体诉求响应机制。以"粤省心"为基础构建政企互动合作系统,促进政企交流互动,满足企业的合理诉求。建立"市场主体诉求响应平台",以"粤系列"平台为基础。健全市场主体有求必应的一体化诉求响应工作体系,为企业排忧解难。推广"粤基座"应用,揭牌成立粤基座联创中心。借助"粤基座"平台,催生新业态,不断提升数字政府服务能力。

广东数字政府相关政策汇总如表5-4所示。

表5-4   广东数字政府相关政策汇总

时间	政策颁布
2017年12月	《广东"数字政府"改革建设方案》
2018年10月	《广东省"数字政府"建设总体规划(2018—2020年)》
2019年4月	《广东省"数字政府"改革建设2019年工作要点》
2020年2月	《广东省数字政府改革建设2020年工作要点》
2021年4月	《加快数字化发展的意见》
2020年4月	《广东省人民政府办公厅关于依托"数字政府"一体化在线政务服务平台便利企业群众办事减少跑动的通知》

续表

时间	政策颁布
2021 年 5 月	《广东省数字政府移动政务服务平台（粤系列）管理办法》
2021 年 7 月	《广东省数字政府改革建设"十四五"规划》
2022 年 3 月	《广东省数字政府改革建设 2022 年工作要点》
2022 年 5 月	《2021 年度广东省数字政府改革建设第三方评估报告》
2022 年 10 月	《广东省数字政府基础能力均衡化发展实施方案》
2023 年 2 月	《"数字政府 2.0"建设落实"实体经济为本，制造业当家"工作若干措施》
2023 年 3 月	《广东省数字政府省域治理"一网统管"建设 2023 年工作要点的通知》
2023 年 3 月	《广东省政务服务事项管理暂行办法》

资料来源：笔者根据广东省人民政府网站（http：//www.gd.gov.cn/）相关资料整理所得。

（二）浙江经验做法

1. 顶层设计

一是推动政府数字化转型。2017 年 2 月，浙江发布了《加快推进"最多跑一次"改革实施方案》，在全国首次提出"最多跑一次"改革，并在全国产生示范效应。2018 年 3 月，"最多跑一次"改革被正式写入国家政府工作报告。同年 12 月，出台了《浙江省深化"最多跑一次"改革推进政府数字化转型工作总体方案》提出了以"最多跑一次"改革为总牵引，深化"一件事"改革，聚焦"掌上办事之省"和"掌上办公之省"建设的目标，推动政府数字化转型。

二是构建数字化转型"四横三纵"体系①。数字化业务应用体系覆盖了全部政府职能，从而大大推动了全省各级政府、各职能部门的数字化转型进程，使"一次不用跑"成为现实。浙江以"网上政务"为核心的数字政府 1.0 时代，正向以"数据化运营"为核心的 2.0 时代转变。

三是健全科学规范的数字政府建设制度体系。2020 年出台《浙江省数字经济促进条例》，条例中涵盖加强政府履职数字化程度，推进政务服

---

① "四横"是指数字化业务应用体系、应用支撑体系、数据资源体系、基础设施体系，"三纵"是指政策制度体系、标准规范体系、组织保障体系。

务、政府办公全流程网上办理、掌上办理等数字政府建设的相关内容。2021 年印发的《浙江省数字化改革总体方案》，指明要深化数字政府系统建设。以数字化手段推进政府治理全方位、系统性、重塑性变革，打造技术赋能、高效协同的数字政府综合应用。

四是全面推进数字政府 2.0 建设。构建"1 + 5 + 2"工作体系，统筹全国"一盘棋"，打造"国家社会数字化应用示范省"。夯实"数字基础设施"保障。同时，推进党政机关整体智治系统、数字政府系统、数字经济系统、数字社会系统和数字法治系统五大系统建设。为全省政府数字化改革搭建好"四梁八柱"。有力地推动了浙江数字政府建设。

2. 治理模式创新

一是实施"政府主导 + 社会参与"的社会治理体制。使政府发挥统筹与管理作用以及企业的资金投入、技术创新的优势。借助腾讯、移动运营商等企业的技术优势，政企合作，共同构建数字化治理的数据体系和政务服务平台，实施"六位一体"与"三步走"核心战略，以保证政府对数据的有效把控。

二是"政民互动"。构建"一网统管"城市管理体系。按照顶层设计、增量开发、迭代升级的思路，在原有一体化数字驾驶舱、"基层治理四平台"基础上，经过结构优化、系统集成、功能拓展而形成"1 + 26 + 559 + X"的城市运行"智慧中枢"。设立"四张清单一张网"①。建设"关键小事"智能速办应用，聚焦高频百姓需求，梳理形成"关键小事"清单，推动高频民生事项智能速办。

三是党建引领基层治理。探索党建引领基层治理的"浙江路径"。建设基层治理四平台，实施"四个平台 + 综合指挥 + 全科网格"的基层治理模式，实现"基层治理四平台"全覆盖；"打造网格化小组"，以网格为基础，以小组为单位推进信息收集、公共服务与事务处置工作，打造网格化治理新模式；创设党建示范带，选择特色组织单位，摸索治理模式，积累治理经验，起到了以点带面，从线到面的作用，为其他地区推进基层

---

① "四张清单"是指政府权力清单、企业投资负面清单、政府责任清单、省级部门专项资金管理清单，"一张网"是指浙江政务服务"一张网"。

治理提供借鉴样板。构建智慧服务圈，形成信息化、智慧化的社会治理模式，提高了基层社会治理的效率。构建协调闭环的数字化社会治理体系，推广"公安大脑""智安小区"等应用，推动社会治理向双向互动、线上线下融合转变，为推进基层治理体系和治理能力现代化提供了浙江样本。

四是"一地创新、全省受益"模式。建设义乌自贸试验区数据集成平台，形成自贸试验区市场主体信息的统一集成与管理，为数据共享、政府决策提供技术支撑。推出"浙江 e 行在线"和一体化智能化公共数据平台。以一体化公共数据平台为基础，加强数据共享，推动数据的融合与对接，采用"全省统一设计部署、分级管理利用"模式，打造了全省一体化政务平台"健康大脑＋浙里防疫"应用。实现"一地创新、全省受益"。

3. 技术赋能

一是完善数字化基础设施建设。利用达摩院人工智能等技术为数字信访工作赋能，通过构建"1＋N"政务知识库，简化网上咨询投诉举报流程、打造智能客服系统，建设智能分派系统及智能数据助手，实现信访核心业务流程的再造。

二是推进数字技术与政务服务的深度融合。加快人工智能融合平台建设。搭建新一代高性能人工智能开源框架、公共计算、数据开放等平台，深入推进"城市大脑"、智能感知等国家级人工智能场景应用平台建设。大力深化"互联网＋监管"，构建数字化监管平台，实现监管工作的规范化和标准化；持续完善浙江省政府网站，依托"浙里办"App 推进"互联网＋政务服务"，实现政务全程网上办、掌上办，为群众提供优质的在线政务服务。

三是探索"网格员＋帮办""互联网＋代办"服务新模式。充分利用基层网格员制度，加快推进政务服务向基层延伸。建设智慧公共数据平台，推进"浙里办""浙政钉"功能集成提升，实现省级部门 100% 业务系统上云。

4. 数据开放与共享

一是建设一体化公共数据平台。创新建设一体化数字资源系统（IRS），统筹整合全省政务数字应用、公共数据和智能组件等数字资源，建成省市县一体化智能化公共数据平台，以数字资源供给侧改革，为全方面各领域数字化改革奠定了基础。组建共建共享机制，将"数据孤岛"连成"数据大陆"；创新数据共享技术手段，为数据大陆建设"数据高铁"。实现了全省政务数字资源的一本账管理和一站式浏览（施力维等，2021）。搭建全省政务服务数字资源"大超市"，将数字资源摆放到虚拟"货架"上，供各部门使用，实现了数字资源跨部门、跨地区、跨层级的共享，提高了数字资源的利用效率；创新政务信息系统集约开发模式，实现一体化生产、一张网管控。利用"云原生"技术，在IRS中构建出一套完备的数字资源"生产线"，使得全省各层级政务部门均可灵活复用各地各部门已开发的数字化工具和组件，高效开发、集成信息系统。大力推动"一数一源一标准"①"自上而下"治理。主要体现在：加强网格化社会治理所需数据的高质量供给。即采用现代信息技术优化数据收集方式，在不重复采集的前提下摸清底数，并运用适当的数字技术来确保数据真实、准确、完整、安全；实施数据全链路管控。构建数据"发现—反馈—清洗"的自闭环工作机制，根据网格化社会治理的职能范畴对其业务进行解构，形成业务流后的流程再造，产生数据流后实施数据解构，推动数据的融合应用，促进数据流通共享。

二是注重数据安全。出台《浙江省公共数据开放与安全管理暂行办法》《浙江省公共数据条例》②等制度文件。首次明确了大数据局主管部门法定地位和相应的责任，并特别规定了专家委员会制度。完善数据安全合规性评估认证、数据加密保护机制及相关技术检测手段，推进数据安全管理工作可量化、可追溯、可评估。加强公共数据生命周期安全和合法利用管理。持续推进一体化、智能化公共数据平台建设，推进公共数据深度开发利用。健全公共数据安全三大体系。

三是成立省数据管理中心和省大数据发展管理局。通过加强数字技术

---

① "一数一源一标准"就是采集网格化社会治理所需的每一条基础数据有且只有一个对数据的真实性和准确性负责的法定采集机构，该法定采集机构对每一条基础数据或每一张数据表均进行标准化处理。

② 《浙江省公共数据条例》从明确公共数据定义范围、平台建设规范、收集归集规则、共享开放机制、授权运营制度、安全管理规范等方面对公共数据发展和管理作出具体规定。

和政务服务相互融合，强化对数据资源的统筹与管理。梳理并建立了省级政务信息资源目录体系、共享交换体系，依托统一电子政务云平台，持续加强政府部门等公共数据的归集和共享应用，已建成 33 条"数据高铁"。推动公共数据资源体系建设不断深化。

四是构建"平台＋大脑"支撑体系。推进智慧城市建设。依托一体化数字资源系统，以大脑作为数据、平台的核心枢纽，推进城市"一网统管"，推动集约建设，加强协同联动，提升"大脑"智慧化水平和支撑能力。

5. 营商环境优化

一是实施营商环境"一号改革工程"。健全具有浙江特色的营商环境评价指标体系。开展营商环境对标提升行动，实行清单化管理、项目化实施、高位化推进，持续提升营商环境便利度。加快打造营商环境最优省，培育世界一流企业。

二是构建开放透明可预期的统一市场环境。加强区域市场一体化建设，强化"企业在线"市场主体大数据动态监测，深化"互联网＋监管"，提升监管智能化水平。同时，构建服管融合、精准闭环的新型市场监管制度，健全守信激励和失信惩戒机制；实施"双随机、一公开"监管，提升数字贸易跨境监管能力，为市场主体构建良好的营商环境。

三是提升营商办事便利化水平。优化企业纳税流程：推进"十税合一"，推动增值税、消费税和附加税合并申报，提高企业办税效率。深化国际贸易"单一窗口"建设，促进跨境贸易便利化。

四是优化市场准营机制。推进"证照分离"改革，推进商事登记制度改革，实施市场转入"一件事"改革；探索"一业一证""多页一证"审批模式。提升投资项目审批效能、优化公用设施接入服务和不动产登记流程，简化企业开办流程。

五是构建服管融合、精准闭环的新型监管机制。健全守信激励和失信惩戒机制。全面实施"双随机、一公开"监管。

六是助企纾困。突出全面承接、精准高效，连续出台"5＋4"稳进提质政策包、稳住经济一揽子政策措施 38 条等 5 批助企纾困组合拳。截至 2022 年 8 月，已实现减负降本 2753.98 亿元，全省兑付政府补贴补助类资金 629 亿元，兑付率 98.96%。

6. 加强数字人才建设

一是浙江启动全员培训"迭代升级"工程。推动干部队伍业务能力大提升，打造一支领导现代化建设的高素质专业化干部队伍。运用在线学习平台，推进传统教育培训方式向数字化转型升级。开展"303030 培训班"，从全市纪检监察系统优选 30 名 30 岁左右的优秀干部，进行约 30 天军事化管理的集训，精心打造年轻骨干"教、学、练、战"一体培养链条[①]。

二是实施干部专班制以提高干部履职能力。浙江将提升干部的数字化思维作为"一号工程"。由市场监管局组建干部专班，包括各部门的干部、员工，也包括交警、互联网技术员，各工种"协同作战"[②]，培养数据思维。

三是推进数字产业人才队伍建设。建立多元化引才用智模式，实施"项目 + 人才""平台 + 人才""并购 + 人才"的人才引进模式。加快壮大数字技术队伍，提升校招力度；依托杭州互联网产业集聚优势，以"招引挖"引进相应档次领军型人才；探索建立接轨市场薪酬激励机制，提升对数字产业人才的吸引力。

浙江数字政府政策文件汇总，如表 5 - 5 所示。

表 5 - 5　　　　　　　　　浙江数字政府政策文件汇总

时间	政策颁布
2017 年 2 月	《加快推进"最多跑一次"改革实施方案》
2018 年 7 月	《浙江省数字化转型标准化建设方案（2018～2020 年)》
2018 年 11 月	《浙江省深化"最多跑一次"改革推进政府职能转变和"放管服"改革行动计划（2018～2022 年)》

---

① 浙江启动全员培训"迭代升级"工程系统性提升干部能力水平［EB/OL］. https：//m. thepaper. cn/baijiahao_15743709.

② 浙江干部的数字化思维，是如何领先的［EB/OL］. https：//www. 163. com/dy/article/H88C3IEO0517M9K4. html.

续表

时间	政策颁布
2018 年 12 月	《浙江省深化"最多跑一次"改革推进政府数字化转型工作总体方案》
2020 年 8 月	《浙江省实施优化营商环境"10 + N"便利化行动方案（2.0 版）》
2020 年 11 月	《浙江省数字赋能促进新业态新模式发展行动计划（2020 ~ 2022 年）》
2021 年 2 月	《浙江省数字化改革总体方案》
2021 年 7 月	《浙江省数字政府建设"十四五"规划》
2022 年 3 月	《浙江省高质量推进数字经济发展 2022 年工作要点》
2022 年 3 月	《2022 年商务领域优化营商环境工作要点》
2022 年 7 月	《关于深化数字政府建设的实施意见》
2023 年 1 月	《2023 年浙江省政府工作报告》

资料来源：笔者根据浙江省人民政府网站（https：//www.zj.gov.cn/）相关内容整理所得。

（三）上海经验做法

1. 顶层设计

2022 年 1 月，为推进数字政府建设，上海市政府印发了《2022 年上海市全面深化"一网通办"改革工作要点》，深入推进政务服务"一网通办"改革，同时推动城市运行"一网通管"建设，"两张网"融合发展开启全方位城市治理变革。作为上海首创的政务服务品牌，"一网通办"已两次写入国务院政府工作报告。在 2021 年省级政府一体化政务服务能力总体指数排名中，上海市以 95 的高分斩获全国第一名。2021 年，上海优化营商环境 4.0 版发布，即：《上海市加强改革系统集成持续深化国际一流营商环境建设行动方案》。2021 年 10 月，上海市政府发布《上海市全面推进城市数字化转型"十四五"规划》，对未来 5 年上海推进城市数字化转型作出了整体布局。2022 年 1 月，为推进数字政府建设，上海市政府印发《2022 年上海市全面深化"一网通办"改革工作要点》。2022 年 4 月，发布《上海城市数字化转型标准化建设实施方案》，对数字化转型作出了详细的顶层设计。

2. 治理模式创新

一是引领数字孪生的城市治理模式。2010 年上海市提出"创建面向未来的智慧城市"战略。十年后，建成"双千兆宽带第一城"。二是构建"3+2+1"的治理数字化转型工作模式。主要包括：聚焦经济治理、社会治理、城市治理数字化，推进三大治理应用体系建设；深入推进政务服务"一网通办"改革，城市运行"一网通管"建设，"两张网"融合发展开启全方位城市治理变革。树立生命周期理念，夯实一体化数字底座，筑牢治理数字化转型基础。三是打造"智慧好办"金牌服务，打造"一网通办"智慧好办2.0版，提升政务服务便利化、智慧化水平。四是打造线下15分钟政务服务圈。完善政务服务地图，推动政府服务下沉基层办理，实施"代办帮办"便民惠企服务，让群众少跑腿。

3. 技术赋能

一是构建智能集约的技术平台支撑体系。两网并行，助力上海智慧城市建设。从数字化到智能化再到智慧化，上海正运用前沿技术推动城市管理手段、模式、理念创新，让城市更聪明一些、更智慧一些，"一网通办""一网统管"的"两网融合"让市民办事更方便快捷，城市管理更精细有温度。

二是推动产业数字化。推动智能制造，加快数字经济与实体经济的融合，构建数字化产业生态体系，促进产业融合，大力推进数字化基础设施建设，推动数字技术赋能实体经济，推动一批"5G+AI+工业互联网"创新应用，催生数字产品制造业、数字技术应用业，积极推进数字化产业链升级。

三是用区块链技术赋能政务服务。构建全市统一的区块链政务服务底座，建立涵盖"区块链+电子证照""区块链+城市管理""区块链+智能制造"的"1+N+6"的政务区块链基础布局，利用区块链技术打破政务"数据孤岛"，打造区块链技术和应用创新高地，助力智慧政府建设。

四是强化数据赋能，提高智能服务中枢能力。提高人工智能城市智能大脑中枢的服务能力，强化政务云底层算力资源支撑，加强机器深度学习，夯实基于"语音识别"、OCR、"语义分析"的服务底座，迭代优化图形处理器（GPU）等异构智能技术。持续拓展"AI+一网通办"智能场景应用。

4. 数据开放与共享

一是健全公共数据治理体系。实施目录清单管理制度，实行"分类分级分层"管理。建立'数据反哺'和协调管理机制，建立数据共享机制和数据质量协同治理机制。设立上海数据交易所，支持第三方评估以及交易撮合、交易代理等数据交易服务机构有序发展。成立上海数据交易所，制定详细的数据交易规则并建立数据交易机制，对数据交易进行资格审查、信息披露，促进数据交易的规范化发展，维护数据市场公平，推动数据市场化流通。

二是加强数据立法工作。相继出台《上海市公共数据和一网通办管理办法》《上海市公共数据开放暂行办法》，深入推进数据立法和相关法治建设，加强立法供给。

三是建立数据要素交易流通体系。设立公平高效的数据交易场所，建立配套的数据流通和交易规则，为数据交易提供制度保障，推动数据的开放共享。

四是完善大数据资源平台。加大数据平台的开发力度，完善公共数据资源基础设施。提升大数据资源应用的便捷度，优化数据应用功能和数据服务，加强对数据平台的宣传和培养，加强平台数据安全管理能力。扩大数据应用覆盖泛范围，推动数据直达基层试点，拓展数据应用场景，实现全市大数据资源平台一体化应用和管理。

五是加强数据运营管理。优化数据应用场景管理和数据治理推进机制，加强数据运营服务的全生命周期治理；强化数据安全防火墙，制定完善的数据安全管理制度。丰富"数据驾驶舱"，加强数据跨部门的共享应用。实施"联邦数据治理"的数据治理创新，推动全市数据协同治理。

5. 营商环境优化

一是打造公平竞争的市场环境。深化"一业一证""证照分离"改革。推进精准高效的政务服务，优化市场主体登记流程，优化法人和个人"双100"（法人和个人高频依申请政务服务事项各超过100项）高频依申请政务服务事项。进一步夯实"随申办"企业云移动端涉企法人办事数字底座及统一入口，构建升级"政企直连"通道，优化完善"1 + 16 + 管委会"市、区两级移动政务服务体系，提供事项办理、信息查询、政策解读、特色专栏、涉企档案等服务。

二是打造公平审慎的监管环境。探索开展综合监管"一件事"改革。推进"互联网＋监管"，推动"双随机、一公开"监管和信用监管深度融合，完善分级分类"信用＋智慧"监管。打造"15分钟办税服务圈"。

三是打造创新引领的营商环境新高地。推行行政审批告知承诺制度。支持浦东新区全方位先试先行，围绕"五自由一便利"为核心的制度框架，支持临港新片区高水平制度型开放。支持虹桥国际中央商务区建设高水平国际贸易营商环境。

四是推出优化营商环境5.0版方案。围绕上海政务环境、市场环境、企业服务等领域推百余项举措，与长三角地区和试点城市共同打造高水平营商环境示范区。促进企业涉税业务在线"轻松办"；选聘首批营商环境体验官，助力营商环境建设。

上海数字政府相关政策汇总，如表5-6所示。

表5-6　　　　　　　　　上海数字政府相关政策汇总

时间	政策颁布
2020年2月	《关于进一步加快智慧城市建设的若干意见》
2021年3月	《上海市加强改革系统集成持续深化国际一流营商环境建设行动方案》
2021年7月	《关于全面推进上海城市数字化转型的意见》
2021年7月	《上海市促进城市数字化转型的若干政策措施》
2021年8月	《推进上海经济数字化转型赋能高质量发展行动方案（2021-2023年）》
2021年10月	《上海市全面推进城市数字化转型"十四五"规划》
2021年	《上海市数据条例》
2021年12月	《推进治理数字化转型　实现高效能治理行动方案》
2022年1月	《2022年上海市全面深化"一网通办"改革工作要点》
2022年2月	《2022年上海市政务公开工作要点》
2022年4月	《上海城市数字化转型标准化建设实施方案》
2022年7月	《上海市数字经济发展"十四五"规划》
2022年8月	《2022年上海市公共数据开放重点工作安排》

续表

时间	政策颁布
2022 年 10 月	《2022 年上海市"一网通办"第三方调查评估工作方案》
2023 年 1 月	《上海市加强集成创新持续优化营商环境行动方案》
2023 年 3 月	《2023 年上海市全面深化"一网通办"改革工作要点》

资料来源：笔者根据上海市人民政府网站（https：//www.shanghai.gov.cn/）相关数据整理所得。

（四）山东经验做法

1. 顶层设计

为进一步贯彻落实《数字山东发展规划（2018～2022 年)》，全面推进数字强省建设，山东省人民政府于 2021 年 4 月制定了《数字山东 2021 行动方案》，全面推进数字强省建设。按照"全省一盘棋"原则，构建职责明确、统筹推进的数字政府建设工作格局。建立"一把手"负总责、全方位支撑保障的数字政府建设格局。

在数字政府建设工作中，坚持系统观念，"夯实垒台、立柱梁架"，着力做好数字政府五篇文章：坚持整体共享，做好"统"的文章；做大做强文章，做好"跨"的文章；深化数据应用，做好"融"的文章；开展示范创建，做好"撬"的文章；强化底线思维，做好"安"的文章。探索数字政府建设系统谋划推进的山东路径。

2. 治理模式创新

一是推进治理方式数字变革。大力推进"一网通办"，深化"互联网 + 政务服务"，升级省市一体化政务服务平台，提升跨层级、跨部门业务运行支撑能力。打造"爱山东""山东通"政务品牌。统筹"一片云"实现一级平台、多级应用；深化"一张网"实现政务外网五级全覆盖。

二是构建智慧便民的数字社会。推动山东半岛新型智慧城市群突破发展，实现省会、鲁南、胶东经济圈 100 项左右智慧应用打通，组织新型智慧城市建设创新大赛。加快智慧社区（村居）建设，打造 300 个左右智慧社区（村居）。实施"宽带乡村""掌上乡村"工程。

三是构建互联互通的基础设施体系。开展一个平台一个号、一张网络一朵云"四个一"建设。在现有"1＋N"（1个省级政务云平台，N个市级政务云节点）框架下，优化省市一体化政务云服务体系。重点完善"山东通"协同办公平台功能，全面支撑机关办文、办会、办事"网上办""掌上办"，实现全省一个平台办公。

四是建设"爱山东"政务服务平台移动端。推进"进一张网办所有事"。汇聚各类移动服务应用资源，推进技术融合、业务融合、数据融合，以企业和群众需求为导向，开发出社保医保、交通服务、户政治安、健康就医、创业就业、教育考试、法人服务等2万多项服务事项，提供质高效优的政务服务，让"下载一次，办全部事"成为百姓生活新风尚。

3. 技术赋能

一是建设完善通信基础设施，力争建成并开通5G基站10万个。统筹规范数据中心建设，创建一批省级绿色数据中心。支持济南、青岛打造低时延数据中心核心区，加快国家健康医疗大数据中心（北方）、济南黄河大数据中心建设。完善升级物联网，加快建设具有全国影响力的物联网公共服务平台。加快部署物联网终端，实现NB－IoT网络县级以上主城区全覆盖、重点区域深度覆盖。全面建设融合基础设施，加快京台南段、济青中线智慧高速项目建设，建设智能网联高速公路测试基地。推进智慧港口建设，建设一批港口智慧化生产性泊位、集装箱自动化堆场。

二是大力发展融合创新的数字经济。加快数字产业化发展，推动集成电路等关键领域创新突破，打造10个左右新型智能终端、超高清视频等数字产业集群。深化济南—青岛人工智能创新应用先导区、济南国家新一代人工智能创新发展试验区建设，加快建设"中国算谷"，推动组建山东未来网络研究院。部署物联网终端，实现NB－IoT网络县级以上主城区全覆盖、重点区域深度覆盖。

4. 数据开放与共享

一是完善大数据基础设施，构建一体化数据资源体系。成立山东省大数据局，统筹规划大数据基础设施建设，推动政府数据开放共享利用。加快推进省市一体化大数据平台，做大做强全省公共数据底座，以"数据可用不可见"的公共数据服务中台，推动大数据创新应用场景在全国范围

"领先"。在完善省一体化大数据平台的基础上，搭建人口、健康、税务、电力等行业分平台。深化数据服务，面向自然人和法人组织，分别形成千个"数字标签"。

二是强化政务数据统筹管理。规范政务信息资源目录，完善全省人口、法人单位、公共信用、宏观经济、空间地理和电子证照六大基础信息资源库，建立"一数一源"的数据更新维护机制，组织开展数据质量提升专项行动，强化政务数据质量审查审核。开展"数聚赋能"行动，不断深化数据融合应用。融合应用政务数据和社会数据，建成数据驱动型法人融资服务平台，创新"服务中台＋金融超市"模式。

三是扩大政务数据开放共享。扩大政务信息资源共享交换覆盖范围，依托山东公共数据开放网，深化地理信息、交通运输、生态环境等重点领域政务数据向社会开放。加强开发利用，鼓励引导社会组织和机构开展公共数据深度挖掘和增值利用，培育数据服务产业链，促进产业发展和行业创新。

5. 营商环境优化

一是实施个人和企业全生命周期服务"双全双百"工程，推动 74 项"跨省通办"事项全面落地，高频政务服务事项基本实现"全省通办"。从"减证便民"到"无证利民"，全域推进"无证明城市"建设。提出流程再造"1＋N"制度体系，为山东打造"无证明之省"注入强大动力（郭明军等，2022）。扩大直接取消和告知承诺范围，推进"减证办"；围绕交通出行、社会保障、金融服务、市场监管等领域，打造不少于 30 个电子证照证明应用场景；打造数字市民大厅，提升政务服务标准化规范化便利化水平。推进"减证办"、推广"免证办"、推行"一码办"、探索"主动办"，充分发挥大数据赋能作用，从"减证便民"到"无证利民"，全域打造"无证明之省"。

二是推进老年无障碍政务服务，推出多种"适老化"服务举措，解除老龄人办事"智能化"烦恼。"爱山东"App 优化平台界面交互，建立"老年关怀模式"专区。开通特殊群体政务服务"绿色通道"，实行"一站式"服务，对老年人提供优先接待、优先引导、优先办理等全程跟踪陪同精准服务，全方位打造"保姆式"服务。

三是加强社会信用建设。构建政府、社会共同参与的守信联合激励和失信联合惩戒机制。推进"金安工程"建设，提升对金融风险的监测预警和应急处置能力。利用大数据、区块链、人工智能等技术，进一步拓展征信范围，扩大信用数据应用。推动监管智能化，打造全省"一体化在线监管平台"。打造信用监管新模式。推行"智慧监管""线上监管"。稳步推进非现场监管等智慧监管手段运用，不断提升风险识别和处理能力。

四是提供优质便利的涉企服务。推行"静默认证、免申即享"。完善"一企一档"功能，推动政策"精准匹配、快速直达、一键兑现"。持续推动企业常用证照证明电子化应用。建设"惠企通"服务平台，通过数据精准画像，为11398家企业提供政策"一键匹配"服务。

山东数字政府相关政策汇总，如表5-7所示。

表5-7 山东数字政府相关政策汇总

时间	颁布政策
2018 年 10 月	《山东省加快推进一体化在线政务服务平台建设实施方案》
2018 年 12 月	《数字山东发展规划（2018-2022）》
2019 年 3 月	《山东省数字政府建设实施方案（2019-2022 年）》
2019 年 12 月	《山东省电子政务和政务数据管理办法》
2020 年 10 月	《关于加快推进新型智慧城市建设的指导意见》
2021 年 4 月	《数字山东 2021 行动方案》
2021 年 9 月	《山东省大数据发展促进条例》
2022 年 4 月	《山东省数字乡村发展行动计划（2022-2025）》
2022 年 4 月	《数字变革创新 2022 行动计划》
2022 年 5 月	《深化数据赋能建设"无证明之省"实施方案》
2022 年 6 月	《"爱山东"政务服务平台移动端管理办法》
2022 年 8 月	《深化数据赋能建设"无证明之省"2022 年行动计划》
2022 年 9 月	《数字赋能增效 2022 年行动计划》
2023 年 1 月	《山东省数字政府建设实施方案》

资料来源：笔者根据山东省人民政府网站（http://www.shandong.gov.cn/）相关资料整理所得。

（五）贵州经验做法

1. 顶层设计

贵州于 2018 年先后发布了《促进大数据云计算人工智能创新发展加快建设数字贵州的意见》和《推进"一云一网一平台"建设工作方案》，以大数据战略为依托开展数字政府建设，采取"五个一"创新做法，运营"云上贵州"政务数据平台，践行"五全政务服务"理念，建成新版贵州政务服务网。2022 年先后发布《贵州省大数据标准化体系建设规划(2020－2024 年)》《贵州省加快推进政务服务"跨省通办"工作方案的通知》。在全国最早建成全省统一的数字政府平台，实现网上政务服务事项全覆盖，为全国数字政府建设打造了贵州"样板间"。

2. 治理模式创新

一是采用了由"政府出资成立国有企业"的方式解决技术难题。贵州是西南地区，地形条件差，交通不便，经济相对不发达，缺少大型数字企业，自主创新能力较弱。因此，直接成立省直属国有企业，提供云上贵州所需的技术支持。2018 年 2 月，由贵州省政府批复的省属国有大型企业，云上贵州大数据（集团）有限公司正式挂牌成立，加快推动贵州实施大数据战略以及国家大数据（贵州）综合试验区建设。

二是构建"一云一网一平台"数字政府治理改革创新体系。以"大基础、大中台、大系统"体系，赋能"云上贵州"平台政务服务能力，加快全省数据治理模式创新。努力打造全国领先的数字政府核心基础设施。

三是建立数字贵州工作平台。平台以加快"数字贵州"建设、推动数字技术深度赋能实体经济，从而提升政府社会治理和服务能力。建立全省统一的智能服务平台，在全国率先实现贵州政务数据的"全网搜索"，发挥三级"云长制"作用。实施数据治理示范引领行动，围绕汇聚整合贵州的政府、企业等基础数据，全景监测贵州数字化转型五大领域发展现状，探索形成数字中国建设的"贵州模式"。

3. 技术赋能

一是通过"互联网＋政务"推动政务服务"全程网办"。贵州省信息中心与电子签名服务商"e签宝"合作，建立贵州省电子政府统一电子印章服务平台。是全国最早实现电子印章网上申请、制作、管理功能的省级电子印章系统。

二是推进政府治理数字化转型。构建数字政府"大基础、大中台、大系统"体系,建立"一云一网一平台"数字化政务基础设施,有效提升政府数字化治理能力,提升数据融合应用水平,以数字技术推动治理方式变革。

三是围绕"四化"推动数字赋能。实施"万企融合"大赋能行动,推动大数据与"新型工业化""新型城镇化""农业现代化""旅游产业化"融合创新发展。推动工业互联网建设,打造企业数字产线、无人车间、智能工厂,建设智慧园区,利用数字技术赋能新型工业化。建设贵州农产品大数据平台、"一码贵州"等平台,利用数字技术赋能农业现代化。实施"智慧黔城"工程,建设一批智慧商店、智慧街区、智慧商场,利用数字赋能新型城镇化。推广"一码游贵州"平台,利用数字技术赋能旅游产业化。

4. 数据共享与开放

一是打响政府数据"聚通用"攻坚会战。用"一朵云"统揽全省政府数据。即"云上贵州一朵云",统揽全省政府数据,将所有政务数据在"云上贵州"集中存储、共享交换和开放开发,推动数据从"云端"向政用、民用、商用落地。贵州自2014年起率先启动"云上贵州"系统平台建设。政府部门在履行职责时产生和获取的数据,不再自行购买存储器等硬件设备,而是统一汇聚到"一朵云"系统平台上。

二是"一平台"促进跨界数据流通。即"智能工作一平台",形成政务服务和数据治理"一平台服务"新赋能,调动全省各级数据,促进数据要素流通共享,解决跨区域、跨部门的数据调度。建立系统的数据交易规则体系,让数据有序流动,充分挖掘数据价值。

三是用"一张网"促进数据应用。即推进全省政务服务"一张网",推动省、市、区、县级政务网络互联互通,实现全省政务服务全网可办理,加快实现政务服务"一网通办"。加快政务服务数据的聚集,通过促进"数据流动"代替"群众跑腿",深化"五个通办",提高群众网上办事的效率。

四是推进贵阳大数据科创城建设。加快推进"东数西算"工程,加快发展数据流通服务产业，贵阳大数据交易所年交易额突破 10 亿元。推动企业"上云用数赋智"，累计上云企业突破 3 万户。发展区块链、数据清洗等新兴数字产业，实现大数据电子信息产业增加值增长 20%。

5. 营商环境优化

一是贵人服务特色化，打造"轻松办"营商品牌。以"办好一件事"为标准，在全国率先推出"一网通办""2+2"综合受理模式。对涉及贵阳行政审批服务的 36 个部门 1839 项政务服务事项全部纳入一窗通办，对涉及相关联的政务服务事项进行梳理整合，形成 431 个政务服务"集成套餐"，纳入大小一窗，按照"一窗受理，一口出件"要求开展集成服务，用贵人服务促进政务事项轻松办。二是推进容缺审批机制改革。因特殊原因申请材料暂时无法提供，政府部门可先行受理，后补资料。三是从企业需求出发优化政务流程。推进"三减一降"（减环节、减材料、减时限、降成本），突出"五个办"（全省通办、一网通办、一证通办、一窗通办、跨省通办），开辟"惠企专窗"绿色通道，简化办事流程，为企业减负。

6. "贵人服务"

"贵人服务"是贵州重点打造的营商服务品牌，含义是要把办事企业和群众作为"贵客""贵人"来对待，打造国内一流营商环境，助力经济社会高质量发展。加快推进政务服务"全省网办""跨省通办"，推动事项多地联办；引导群众通过多渠道办理事项，提高企业群众的满意度和获得感；完善帮办代办服务，营造良好办事环境；开设"盯事在线"线上平台及线下窗口；推行"好差评"提升服务质效，办事群众可以通过政府网站、实体大厅、12345 便民热线、政务 App 等多种渠道对政务服务人员进行"一次一评""一事一评"，实现对政务服务行为实时评价。

贵州数字政府相关政策汇总，如表 5-8 所示。

表 5-8 贵州数字政府相关政策汇总

时间	颁布政策
2018 年 6 月	《关于促进大数据云计算人工智能创新发展加快建设数字贵州的意见》
2018 年 12 月	《贵州省推进"一云一网一平台"建设工作方案》

续表

时间	颁布政策
2020 年 6 月	《贵州省大数据标准化体系建设规划（2020—2022 年）》
2020 年 11 月	《贵州省加快推进政务服务"跨省通办"工作方案》
2020 年 12 月	《贵州省政府数据共享开放条例》
2020 年 12 月	《贵州省"一云一网一平台"总体架构》
2020 年 12 月	《政务云建设规范》
2021 年 8 月	《贵阳市"十四五"数字经济发展专项规划（2021－2025 年）》
2021 年 12 月	《贵州省"十四五"数字政府建设总体规划》
2021 年 12 月	《政务服务平台建设指南》
2022 年 2 月	《贵州省大数据战略行动 2022 年工作要点》
2022 年 6 月	《贵州省"十四五""智慧黔城"建设发展规划》
2023 年 1 月	《关于 2022 年贵州省网上政府服务能力和数字化办公效能评估结果的通报》
2023 年 2 月	《贵州省建设数字经济发展创新区 2023 年工作要点》

资料来源：笔者根据贵州省人民政府网站（http：//www.guizhou.gov.cn/）相关内容整理所得。

（六）辽宁经验做法

1. 顶层设计

面向"十四五"，省委、省政府提出着力建设"数字辽宁、智造强省"，将"数字政府"建设，作为打造"数字辽宁"标杆工程，优化全省营商环境的重要举措。提出"以数字化倒逼改革"，编织好"一网通办、一网统管、一网协同"这"三张网"。密集出台了《数字辽宁发展规划2.0》《辽宁省"十四五"数字政府发展规划》《数字辽宁建设2022年工作要点》等一系列战略规划与政策立法，明确了数字政府建设的任务目标，涉及数字技术应用、政务服务升级、数据共享和安全等各方面。成立"数字辽宁建设工作领导小组"，持续推进数字政府建设。

2. 治理模式创新

一是初步建立"政府主导＋多主体协同"数字化治理模式。组建数字辽宁建设专家委员会，从国内科研院所、高等院校、政府部门、知名企业中选聘专家学者和企事业代表，协助摸清全省数字政府建设工作底数，参与数字政府政务决策与相关政策立法。

二是探索"线上＋线下"政务公开新形式。充分发挥省市两级一体化政务平台作用，创新开展"线上＋线下"多种形式的宣传活动，鼓励企业和群众数字化参与。以第十六届"5·15政务公开日"为例，连续开展"重要工作部门谈"和"群众难题我来答"等线上活动。

三是强势推进"一网一门一次"改革（马晓颖，2020）。推进政务服务"一窗式"办理，制定全省政务服务标准化建设指引，实行"一窗办多事""无差异办理"，全省"一窗"受理占比47.9%。一体化政务服务平台实名注册人数超过4600万，国家累计归集我省办件量排名第五位。927个"高频刚需"事项实现"掌上办、指尖办"。132个事项实现"跨省通办"。

四是持续推进政务服务"一网通办"，推进电子证照、电子印章全面应用和互通互认。目前，辽宁全省政务服务部门已制作电子印章1.52万个，归集电子证照431类1.1亿个。持续推进社会治理"一网统管"，建设省疫情防控指挥平台，完成了"1＋15"综合平台主要功能的设计开发工作。

3. 技术赋能

一是丰富数字化应用场景。据统计，2021年省大数据局确定重点推进数字政府建设项目36个，数字产业项目118个，产业数字化项目220个。各市建设政府监管、政务服务、城市治理等应用系统1549个。成功举办首届"兴辽杯"5G应用场景大赛。2022年1月，确定了东软、大连华信等16家单位为首批数字化转型促进中心，推动企业"上云用数赋智"，促进全省企业数字化转型。加快推进新型智慧城市建设。

二是完善数字政务基础设施。基本建成全省范围的一体化政务服务平台。推广应用移动政务服务"辽事通"。启动"云＋5G"算网双引擎战略，加快推进算力网络与辽宁优势产业的融合应用，为实现辽宁"数字蝶变"持续发力。

三是建成"跨省通办""东北三省一区通办""全省通办"的跨部门、

跨地区、跨层级的一体化平台。推广移动政务服务"辽事通"。打造更高层次、更高水平、更高质量的区域一体化政务服务。

4. 数据开放与共享

一是为政务数据共享提供保障。相继出台了《辽宁省政务数据资源共享管理办法》《沈阳市政务数据资源共享开放条例》《辽宁省大数据发展应用促进条例》。为加快推动政务数据资源共享开放，提高政务效能，建立信息资源编码规则、建成省市级政务数据共享交换平台。率先在全国推进公共信用信息共享平台建设，省市县三级信用数据征集体系已完成。

二是建设全省一体化政务大数据中心体系。成立辽宁省大数据管理局，完善政务数据中心、政务网络、基础数据库等基础设施建设。建成沈阳、大连大型数据中心，以其为中心，形成"2＋N"数据中心布局，赋能数字辽宁建设。加强政务数据标准化、共享化、市场化建设，助力政府治理体系和治理能力现代化。

三是开展政务数据资源整合。全面构建经济治理基础数据库，加强对涉及国计民生关键数据的全链条全流程治理和应用。编制公共数据开放目录及相关责任清单。推进社会数据"统采共用"。以辽宁省一体化政务服务平台、辽宁省数据资源共享交换平台为数据基础，推进辽宁省（中）直部门整合数据资源，目前已整合数据目录23项、数据指标814项。同步推动沈阳、锦州、辽阳等市智慧城市指挥中心特色应用接入省平台，实现省市协同联动、互联互通。

5. 营商环境优化

一是构建法治化营商环境建设"1＋5＋N"制度体系，营商环境建设"5＋5＋5＋1"工作体系。基本建成省市县全覆盖的营商环境建设组织体系。迭代推出营商环境1.0～5.0版改革方案。辽宁法院以"专、精、实"的方式深入推进，持续优化辽宁法治化营商环境。

二是推进推动政务服务"一网、一门、一次"改革。推进"只提交一次材料"和"一件事一次办"改革。打破部门间的条块分割，优先选取企业和群众急需、高频、获得感强的16个场景重点突破，出台了容缺受理和告知承诺改革实施方案，梳理省级可实行"容缺受理"事项业务子项 455 项，可实行"告知承诺"事项业务子项 207 项。组织梳理政务服务事项集成化办理流程，制定了《13 个"一件事一次办"业务标准规范》以及《业务指南》和《技术指南》，并建设了管理系统，已经具备与各省直部门系统对接、数据分发、进度查询、效能统计等功能，"失业再就业"已经完成流程再造和系统对接工作，失业登记等 9 个事项实现"一次办"。

三是建立健全优化营商环境工作激励机制，对突出贡献的集体和个人进行表彰或奖励。深化"放管服"改革，推进"容缺受理 + 告知承诺"；深化"双随机、一公开"和互联网监管，推行惠企政策"免审即享"改革（徐立峰等，2022）。通过"辽事通免申即享"专区自动推送企业和群众能够享受到的各项优惠政策，目前，已发布首批清单共 573 个事项，涉及 5 个省（中）直部门和 11 个市、12 个县（区），上半年共为全省 225 万个市场主体减少跑动 450 余万次，减少申请 310 万余次。

四是督促助企纾困政策有效落实。建立助企纾困政策落实工作机制，推进 41 个省（中）直部门梳理相关政策，共整合分解政策举措 107 项。坚持周调度、月通报，对国务院稳经济一揽子政策和我省贯彻落实措施一体推进、一体督办。转身向企，深入调研，督考国家和省各项助企纾困政策落实落地。调研中协调解决企业反映问题 2500 多个，企业对政策满意率达到 98%，政策落实取得实效。

辽宁数字政府相关政策汇总，如表 5 - 9 所示。

表 5 - 9   辽宁数字政府相关政策汇总

时间	颁布政策
2019 年 9 月	《辽宁省推进"最多跑一次"规定》
2019 年 11 月	《辽宁省政务数据资源共享管理办法》
2020 年 10 月	《辽宁省数字经济发展规划纲要》
2020 年 10 月	《辽宁省一体化政务服务平台电子证照管理实施办法（试行）》
2019 年 3 月	《辽宁省加快推进全省一体化在线政务服务平台建设实施方案》
2021 年 10 月	《辽宁省"十四五"数字政府发展规划》

时间	颁布政策
2021 年 10 月	《关于取消下放调整一批省级行政职权事项的决定》
2021 年 11 月	《数字辽宁发展规划（2.0 版）》
2021 年 12 月	《辽宁省第一批新型智慧城市建设试点工作方案》
2022 年 1 月	《辽宁省营商环境建设行动方案（2021—2025 年)》
2022 年 5 月	《数字辽宁建设 2022 年工作要点》
2022 年 5 月	《辽宁省 2022 年政务公开工作要点》
2022 年 8 月	《辽宁省大数据发展条例》
2022 年 12 月	《12345 政务服务便民热线与 110 报警服务台高效对接联动实施方案》

资料来源：笔者根据辽宁省人民政府网站（http：//www.ln.gov.cn/）相关数据整理所得。

综上所述，本书围绕顶层设计（制度创新）、技术赋能、数据治理创新、治理模式创新、数字营商环境优化这 5 个维度对以上 6 个省份数字政府建设进行归纳整理与比较分析（见表 5 - 10）。

表 5 - 10　　　　　　　　典型省份数字政策治理经验比较

省份	顶层设计	治理模式创新	技术赋能	数据治理创新	营商环境优化
广东	1. 在国内最早提出建设数字政府 2. 制定《广东"数字政府"改革建设方案》《广东"数字政府"建设总体规划（2018～2020)》等 3. 数字政府改革建设"12345＋N"工作业务体系 4. 确立"全省一盘棋工作"推动机制	1. "政企合作、管运分离"模式，成立广东"数字政府"运营中心，形成"1＋3＋1"政企合作模式 2. 创新"政府主导＋社会参与"新模式 3. 共同打造"粤省事"App； 4. 形成"1＋N＋M"政务云平台	1. 技术赋能，拓展数字服务 2. 加强技术治理，推进城市转型。探索构建"数字孪生城市"，全面推进市域治理"一网统管" 3. 建设"一片云""一张网"框架	1. 率先建立首席数据官（CIO）制度；出台《广东省首席数据官制度试点工作方案》 2. 创新公共数据运营模式。搭建数据交易平台，推动数据经纪人"数据海关"试点，支持深圳探索开展数据交易 3. 加强数据共享，建设政务大数据中心和政务服务数据管理局 4. 举办"粤盾"数字政府网络安全攻防演练活动	1. 深化"放管服"改革 2. 首创"商事制度确认制"探索建立"市场主体除名制度"、破产管理人选任制度 3. 推出惠企红利政策。建立优惠政策免申即享机制

141

省份	顶层设计	治理模式创新	技术赋能	数据治理创新	营商环境优化
浙江	1. 推动政府数字化转型。"最多跑一次"在全国产生示范效应；"一次不用跑"成为现实 2. 构建"四横三纵"的七大体系的总体框架 3. 健全科学规范的数字政府建设制度体系。出台《浙江省数字经济促进条例》《浙江省数字化改革总体方案》 4. 推动数字政府2.0建设	1. "政府主导＋社会参与"借助数字企业的技术优势，实施"六位一体"与"三步走"核心战略 2. "政民互动"。构建"一网统管"城市管理体系 3. 党建引领基层治理 4. "一地创新、全省受益"模式。"1＋5＋2"工作体系	1. 完善数字化基础设施建设 2. 推进数字技术与政务服务的深度融合。推出"浙里办"App，全面推进"网上办""掌上办" 2. 探索"网格员＋帮办""互联网＋代办"服务新模式	1. 创新建设一体化数字资源系统（IRS），"一地创新、全省受益"，推动数据资源"一数一源一标准"治理 2. 加强数据安全管理。制定落实数据安全法律规范和规律办法，出台《浙江省公共数据开放与安全管理暂行办法》《浙江省公共数据条例》等相关文件 3. 成立省数据管理中心和省大数据发展管理局。强化对数据资源的统筹与管理	1. 实施营商环境"一号改革工程" 2. 提升营商办事便利化水平 3. 优化市场准营机制，推进商事登记制度改革 4. 助企纾困
上海	1. 印发《2022年上海市全面深化"一网通办"改革工作要点》，首创"一网通办"政务服务品牌，推进"一网通管"建设，两张网融合发展	1. 引领数字孪生的城市治理模式。提出"创建面向未来的智慧城市"战略 2. 构建"3＋2＋1"的治理数字化转型模式	1. 构建智能集约的技术平台支撑体系 2. 推动产业数字化。制定十大领域数字化转型"一业一策"	1. 全金公共数据治理体系。建立"数据反哺"和协调管理机制，建立数据共享机制和数据质量协同治理机制 2. 加强数据立法工作。相继出台《上海市公共数据和一网通办管理办法》《上海市公共数据开放暂行办法》 3. 建立数据要素交易流通体系 4. 设立上海数据交易所	1. 开展综合监管"一件事"改革 2. 推进"互联网＋监管"，推动"双随机、一公开"监管 3. 打造创新引领的营商环境新高地。围绕"五自由一便利"为核心的制度框架，支持临港新片区高水平制度型开放 4. 行政审批告知承诺制度 5. 优化营商环境5.0版方案

续表

省份	顶层设计	治理模式创新	技术赋能	数据治理创新	营商环境优化
山东	1. "数字山东"行动方案 2. 建立"一把手"负总责、全方位支撑保障的数字政府建设格局 3. 做好"五篇文章"	1. 推进治理方式数字变革。从"减证便民"到"无证利民",推进青岛、济南"无证明城市"建设 2. 构建智慧便民的数字社会,实施"宽带乡村""掌上乡村"工程 3. 构建互联互通的基础设施体系。开展一个平台一个号、一张网络一朵云"四个一"建设 4. 建设"爱山东"政府服务平台	1. 加快数字基础设施建设。建设具有全国影响力的物联网公共服务平台 2. 大力发展融合创新的数字经济。部署物联网终端,实现NB-IoT网络县级以上主城区全覆盖、重点区域深度覆盖	1. 完善大数据基础设施,构建一体化数据资源体系 2. 强化政务数据统筹管理 3. 扩大政务数据开放共享	1. 个人和企业全生命周期服务"双全双百"工程 2. 推进老年无障碍政务服务 3. 强社会信用建设。构建政府、社会共同参与的守信联合激励和失信联合惩戒机制
贵州	1. "一网通办"数字政府实践;成立大数据发展领导小组。采用"云长负责制",由一把手担任"云长"。推进"七朵云"工程 2. 率先建成全国首个全省统一的数字政府平台,实现全省政务服务事项100%网上可办,为全国数字政府建设打造了贵州"样板间"	1. 采用了由"政府出资成立国有企业"的方式解决技术难题 2. 成立云上贵州大数据(集团)有限公司 3. 构建"一云一网一平台"数字政府治理改革创新体系 4. 建设"数字贵州"工作平台	1. 通过"互联网+政务"推动政务服务"全程网办" 2. 推进政府治理数字化转型 3. 围绕"四化"推动数字赋能。建设贵州农产品大数据平台、"一码贵州"等平台	1. 打响"聚通用"攻坚会战。"一朵云"统揽全省政府数据 2. "一平台"促进跨界数据流通 3. 推进全省政务服务"一张网"促进数据应用 4. 推进贵阳大数据科创城建设	1. 贵人服务特色化,打造"轻松办"营商品牌 2. 推进容缺审批机制改革 3. 推进"三减一降",突出"五个办",开辟"惠企专窗"绿色通道,为企业减负 4. 推出"贵人服务"

续表

省份	顶层设计	治理模式创新	技术赋能	数据治理创新	营商环境优化
辽宁	1. 将"数字政府"建设，作为打造"数字辽宁"标杆工程 2. 编织"一网通办、一网统管、一网协同"这"三张网"	1. 初步建立"政府主导+多主体协同"数字化治理模式 2. 探索"线上+线下"政务公开新形式 3. 强势推进"一网一门一次"改革 4. 持续推进政务服务"一网通办"	1. 丰富数字化应用场景 2. 完善数字政务基础设施 3. 建成"跨省通办""东北三省一区通办""全省通办"的跨部门、跨地区、跨层级的一体化平台	1. 为政务数据共享提供保障 2. 建设全省一体化政务数据服务中心体系。成立辽宁省大数据管理局 3. 开展政务数据资源整合	1. 构建法治化营商环境建设"1+5+N"制度体系 2. 推动政务服务"一网、一门、一次"改革 3. 督考助企纾困政策有效落实

资料来源：笔者根据相关资料整理所得。

第三节　加快辽宁数字政府建设的对策建议

通过整合本章前两节内容，将辽宁数字政府建设水平和全国其他省份做法做横向比较分析后，得出以下结论：

近年来，辽宁数字政府建设虽然取得了积极进展，但对标党中央和国务院的部署要求，对比沿海发达地区，在整体发展水平、基础支撑能力、治理模式、共享开放等方面仍有差距。据《中国数字政府发展研究报告（2021）》显示，辽宁在省级数字政府发展指数评估中排名第二十四位，仍属于"追赶型"，与广东、浙江等数字政府建设第一梯队相比仍有较大差距主要有：数字化服务水平仍需提升，网上政务服务能力"短板"亟须补齐。产业侧、社会侧"倒逼"数字化改革能力薄弱，缺少头部数字企业及新业态新模式助力。企业、公众数字化参与意识不强。政府数字化发展不平衡；"自下而上""互联互通"的政府服务监管体系和回流机制仍需进一步打通，"协同困境"较为严重。基于此，本节将借鉴先进省市经验做法，提出持续加强辽宁"数字政府"建设的对策建议。

一、加强系统化推进

（一）加强顶层设计和体制机制建设

加强制度保障、物质保障，确保高质量建设数字政府。充分发挥数字辽宁建设领导小组的统筹协调作用，继续强化省大数据管理局等部门的辅助管理、督促检查等工作职能。制定设计与数字辽宁建设、数字政府建设、数字化转型、数据治理等全方位的总体规划与标准，全面推进数字化改革。用数字技术赋能政府治理理念、治理机制和治理模式创新。建议借鉴山东实施的《数字山东 2021 行动方案》，浙江印发的《浙江省数字化转型标准化建设方案》，结合辽宁实际推进政府数字化转型进程。

（二）强化地方立法支撑

建议在数据共享、数据安全、技术应用、平台搭建等研究出台一系列相关政策法规，将可能引发的风险纳入法律调控。在制度政策制定过程中，应遵循"鼓励创新""包容审慎""规范发展相平衡"的基本原则，同时适应数字技术发展，及时推动相关法律的立改废释纂，从而促进数字政府建设与法治政府建设同频共振、共同发展。

（三）加大财政投入

建议设立数字政府建设专项资金，持续加大资金投入额度，用于平台优化、技术升级、决策咨询等方面。设立专项委托课题，制定奖励机制，吸引数字企业、科研院所等多主体深度参与数字政府建设。

（四）加强数字政务人才培养

强化各级领导干部对数字政府建设的必要性和重要性认识，由相关单位和部门定期开展数字政务人才培训，提高各级领导干部数字思维能力和数字素质，增强培育数字化履职能力。

（五）招贤纳士，广发"英雄帖"

强化数字政府高质量人力资源支撑，创造"数字人才红利"。建议借鉴沈抚改革示范区员额制招聘的做法，为促进数字经济发展公开招聘"委管副职"，广寻在政策研究、治理模式创新等方面具有一定工作经验的市级部门、大企业中层等治理人才。

二、聚焦多主体协同治理的模式创新

（一）聚焦协同治理

政府数字化转型离不开社会公众、市场力量和企业技术支持。鼓励协同治理模式创新，实施"数字政府共建计划"。建议综合借鉴浙江"政府主导＋社会参与"、广东"政企合作、管运分离"的经验做法，树立"协同治理"理念，积极打造"多中心治理"格局，共同探索数字化政府新型治理模式，促进政府管理与政务服务创新，在政府治理过程中实现跨层级、跨部门、跨地域、跨业务的协同与联动。

（二）协同助力数字政务决策

充分发挥专家委员会的作用，建立健全重大决策事项专家咨询机制。继续推动产学研合作，提升科技成果转化效率，例如推进新松 VR 产业研究院建设。鼓励在辽企业、高校、科研院所等积极参与数字政务决策，促进"百花齐放"。建议借鉴"国网辽宁电力'电力城市大脑'"案例，从电力视角展现城市经济发展现状，与市级政府达成合作意向并建立定期汇报制度，协助各级政府掌握重点企业和产业发展情况，为调整产业政策提供参考依据。

（三）协同共推数字基建升级

在政务服务基础设施建设中，积极动员民营企业及社会力量，充分发挥互联网企业和基础电信运营商的技术优势，推进共同参与。建议积极引进百度、阿里、京东等头部企业，发展高能级总部经济。引导支持与辽宁省高科技企业例如新松、东软开展深入合作，共同打造一批"数字辽宁、智造强省"先进项目。借鉴浙江借助阿里巴巴等数字企业的技术优势，以合作的形式共建辽宁"一体化政务服务平台""数字身份系统"等数字政府建设所需的数据体系、平台系统；共创"数字治堵""数字治城""数字治疫"等城市大脑建设的应用场景。

三、进一步优化营商环境

（一）实施"数字政府即平台"战略，加快完善省级一体化平台建设

坚持以公民需求为导向推动，持续推进"渠道一网通达""事项应上

尽上"等平台功能优化，完善网上政务服务内容，完成省、市级政务服务事项上云率达到100%，全面实现政务服务"一网通办"。努力为省内欠发达地区群众提供"无差别"的政务服务。积极推进跨部门、跨系统、跨地域、跨层级的统筹协同机制和政务数据资源开放体系建设。推进省域社会治理"一网统管"，进而提高数字化政务服务效能和社会治理智慧化水平。建议借鉴浙江统筹整合全省数字资源，实现省市县三级的政务云基础设施建设，建成一体化智能化公共数据平台，实现"一地创新、全省受益"。

（二）全面打造数字政务服务环境

全面推进"线上＋线下"数字政务深度融合，打造政务服务"智能办"。积极推进5G、AI、大数据等新兴数字技术应用于政务服务场景中，持续推进无纸化"线上办公"，推动申报即办结的"智能化"无人干预审批，实现"秒批秒办"；加快"线下"实体办事大厅数字化标准化改造，增设自助设备，加快推进政务服务由"传统审批"向"智能"服务转变。积极打造"不打烊的数字政府"，全方位深化政府数字化转型。

（三）实现政务服务标准化、精细化

应进一步深化"互联网＋政务服务"，提供"更简、更便捷"的政务服务，增强企业和群众的获得感和满意度。持续深化"放管服"改革，以"只提交一次材料"改革为牵引，打造"以人民群众为中心"的服务型政府，持续优化"办事方便、法治良好、成本竞争力强、生态宜居"的营商环境，促进经济高质量发展，从而实现辽宁全面振兴、全方位振兴新突破。建议借鉴广东"集约共享"平台建设思维，从省级层面建立数字政府服务质量、服务内容、数据共享等标准，并借鉴贵州"贵人服务"的做法，建设五级政务服务体系，以立法形式固化"政府数字化"改革成果，促进政务服务水平提升。

四、着力优化数字化营商环境

由于传统营商环境无法涵盖数字经济发展的特有挑战，数字经济需要独特的营商环境。习近平总书记在亚太经合组织第二十七次领导人非正式会议上提出，倡导优化数字营商环境，激发市场主体活力，释放数字经济潜力。① "十四五"时期我省应以优化数字化营商环境为着力点，推动数字经济发展。

（一）以数字赋能、改革创新精神推进营商环境再优化

应深刻意识到大数据是"思维变革的武器、优化营商环境的关键、振兴发展的推手"。积极借助大数据等数字技术手段优化营商环境，加快数字政府建设，发挥新基建保障作用，通过数字赋能推进环境再优化、改革再深化。应大胆探索更多创新举措，以改革精神推动数字政府建设见势成效。积极打造绿色低碳的数字政府。

（二）全面提高数字化政务服务效能

积极推进5G、人工智能、大数据、区块链等数字技术应用于政府管理与服务。进一步增强数字开发应用能力，积极拓展数字政府应用场景，构建起平台联通、流程高效、场景统筹的长效机制。持续开展"减证便民"行动，尽快搭建"数字身份系统"，促进数字政务服务优化。建议借鉴山东"无证明城市"做法，加强电子证照应用，推进跨省互认，打造沈阳、大连等"无证明城市"。

（三）实现以用户需求为中心的政务服务模式创新

改变当前的被动满足用户需求为主的政务服务模式，要以"没有最好、只有更好"为工作标准，努力实现"办事更方便、服务更优质、成本更低廉"的数字化营商环境。实行主动满足需求、实现"免审即享"，例如推动身份证信息、电子营业执照与银行信息等其他信息融合，在涉企服务中扩大"秒批""秒办""免证办""即来即办"的覆盖范围，真正实现以用户为中心的业务流程梳理和改革。

（四）优化数字市场准入体系

解决数据市场准入手续繁琐、进入门槛高、地方保护主义、企业合理成本高等突出问题。简化网络零售、网约车、在线外卖、互联网医疗等领域开展网络经营资质要求，同时解决属地化管理、多层监管等问题，以适

---

① 携手构建亚太命运共同体——在亚太经合组织第二十七次领导人非正式会议上的发言[N]. 人民日报，2020 – 11 – 21（002）.

应数字经济跨行业融合、跨地区经营、快速迭代等特色要求。

五、以制度创新助推数据治理

（一）建议建立政府系统首席数据官（CIO）制度

在省内选取试点城市建立首席数据官制度，统筹数据战略推进。召开首席数据官联席会议，完善数据标准化管理，设立市级、区级数据主官，明确各级数据官的职责范围，促进各部门之间数据资源管理工作的协同联动，促进数据要素市场化配置改革。建议借鉴广东 2021 年 4 月颁布的《广东省首席数据官制度试点工作方案》的做法。

（二）建立数字治理机制

积极建立政府、社会、市场之间的技术、业务、数据、空间相互融合的良好的数字生态环境。建立系统全面的政务数据资源体系，强化数据安全保护。加快建立政府主导、多方参与的数字治理机制，完善现有的数据共享与数据安全相关规章制度。健全政务信息资源安全管理制度，推进政务信息资源共享、风险评估和安全审查，强化应急预案管理，切实做好数据安全事件的应急处置。建议借鉴浙江推动数据资源"一数一源一标准"的治理，"一体化数字资源系统"长效运行所探索落地的"三大机制"保障，即应用统筹协调机制、组件共建共享机制与数据资源高效配置机制。

（三）积极探索数据价值化，挖掘数字化应用场景

鼓励企业、高校与社会公众对公共数据的挖掘与创新应用，设立奖励机制，促进数据价值化成果转型"落地"。建议基于具体的业务需求驱动，在省级范围内推动数据开放和跨部门共享，实现数据的增值利用、创新开发和价值释放。鼓励搭建省级数字经济一体化平台，建立数据动态中心，依据民生需求，深度挖掘就学、就医、养老、停车、旅游各类场景应用价值。如积极挖掘在智慧农业和城市大脑等城乡建设中、在"不见面审批"等营商环境优化中、在教育医疗健康养老等公共服务中的数字化应用场景。

六、实施"数字包容"战略，鼓励公众"数字化参与"

（一）实施"数字包容"战略

推动政务服务与公众数字素养同步发展，变数字鸿沟为数字红利。在

一体化平台设计等方面应考虑老年人、残疾人等弱势群体的习惯，开展向导式改造，完成智能客服、老年关怀专版等建设改造项目，提升政务平台适老化和无障碍服务水平。通过社区宣传、志愿者"一对一"帮扶等方式，全面普及数字政务应用。在提供标准化规范化的同时兼顾人性化、个性化服务需求，让数字红利最大程度地惠及大众。

（二）鼓励公众"数字化参与"

建议持续加大对数字政府协同治理模式的宣传力度，提高社会公众意识。继续拓宽优化评价反馈渠道，让公众反馈"有声"。建议建设覆盖各层级各部门的政务微博，把政府的事项发布与群众利益诉求、反馈推至"云上"，通过一键"@部门"就能得到政府部门回应。定期组织举办数字化应用场景创新、新型智慧城市建设创新、数据安全与算法模拟等大型活动赛事，吸引公众参与；建立健全奖励机制，鼓励建言献策。

（三）建立"公众评议会"

以增强企业和公众在数字政府建设进程中的社会参与度。主管部门领导采取"线上或线下"形式，定期与公众举办"面对面"交流互动，直接、全面、准确地了解公众的需求，进一步打造"以人民群众为中心"的服务型政府。通过这种"倒逼"模式提升政府智能治理能力，促进政务服务的业务重组与流程再造。

———————— 第六章 ————————
结论与建议

第 一 节　研 究 结 论

本书完成了最初的研究计划，回答了研究问题，达成了研究目标，主要研究结论如下：

首先，本书厘清了数字政府治理的内涵和外延，系统梳理了"技术赋能与数字政府""协同治理、数字治理、元宇宙治理等治理理论在数字政府领域的应用"、辨析了"价值共创、公共价值与数字政府"关系，为组织战略等相关领域学者提供研究参考。数字政府治理是一个复杂、多元的社会生态系统，仍需不断深化整体、系统的数字政府理论体系框架。数字政府在治理内核上与价值共创理论十分契合。本书在完善数字政府治理理论体系时，创新引用价值共创理论，"数字政府即平台"离不开数字企业、社会公众等多元主体互动共创，这也是数字政府治理的重要特征。通过聚焦中外数字政府研究进展比较分析发现，中外研究在现状、内容、演变与趋势等方面都呈现出一定的差异与联系。"电子政务"和"数字政府"被视为随时间推移转换的专业名词，即数字时代赋予其新的含义。我国数字政府研究虽然起步相对落后，但随着近年来国家制度政策支持，呈现国内百花齐放，国际学术影响力领先的态势。

其次，在梳理国内外主要权威机构对数字政府进行评估指标构建时，有一定差异性。研究发现：国外评估体系大多采用两层指标结构，而国内评估体系倾向于设置三层指标结构，这可能与评估目的和对象有关。国外的评估对象多以国家为单位，关注较为宽泛和宏观的概念，侧重于对各国政府数字化转型情况的"讲述"。但国内的评估对象多为省市级政府，部分会涉及区级政府，"以评促建"是实施评估的重要目的，为此，从评估目标出发，建立颗粒度较细的评估指标体系成为主流。总体而言，评估框架的第一层列明评估的主要维度和方向，第二层为基本指标，说明评估的策略目标，第三层则为细分具体指标。

在此基础上，本书通过"典型国家模式比较"和"地方数字政府治理模式创新与比较研究"，聚焦"中外差异"对我国数字政府建设的现状深入分析，以"省域间横向比较"借鉴先进省市经验模式，为辽宁乃至我国数字政府建设在政务服务能力、治理模式创新、数字基础支撑等方面提出对策建议，以解决数字政府发展中实际存在的问题，具备一定的理论价值与创新性。

第二节　加快我国数字政府建设的对策建议

2022 年 4 月 19 日，习近平总书记主持召开中央全面深化改革委员会第二十五次会议时强调指出："要全面贯彻网络强国战略，把数字技术广泛应用于政府管理服务，推动政府数字化、智能化运行，为推进国家治理体系和治理能力现代化提供有力支撑。"① 为全面贯彻习近平总书记的重要指示精神，对照国务院《关于加强数字政府建设的指导意见》（以下简称《指导意见》）提出构建的"五大体系"，本书为全国数字政府建设提出以下对策建议：

一、政府数字化履职能力体系是建设数字政府的重要保证

（一）以数字化治理提升政府经济调控能力

一是建立健全全省经济治理基础数据库。加快汇聚财政、统计、海关

---

① 加强数字政府建设　推进省以下财政体制改革［N］. 人民日报，2022 - 04 - 20（001）.

等各领域经济运行数据，进一步扩大数据监测范围，努力实现经济数据的全链条治理。二是加快搭建经济运行大数据多维分析与仿真模型。全面强化经济运行大数据监测分析。运用大数据等数字技术支撑市场分析、形势研判、政策模拟、实施成效等宏观经济监测，提高经济预测、政策制定的科学性、预见性和有效性。三是树立"用数据决策"新理念，建立"政企社"多元经济决策分析与评估机制。建议借鉴国网辽宁电力"电力城市大脑"的相关做法，为数字政府建设提供新思路。

（二）以数字化驱动市场监管现代化

一是加快构建数字化监管体系。深入推进"智慧监管"融入"数字辽宁"总体布局。建立市场智慧监管中心，加快"双随机、一公开"监管工作平台建设，实现与"互联网＋监管"系统互联互通。建立持续、动态的监管数据形成机制，推动数据的归集共享与有效协同。二是建立协同联动的数字化监管机制。加快推进跨部门协同监管常态化，实行抽查事项清单管理。健全以"双随机、一公开"监管为基本手段、以重点监管为补充、以信用监管为基础的新型监管机制。三是加快推进监管数据创新应用，全面提升数字化监管能力。充分运用智慧监管等手段，实现精准高效监管。完善食品安全、药品安全等民生重点领域监管，加强平台经济等数字经济新业态新模式领域监管，推进"智慧能源"监管。

（三）创新数字化治理模式，构建智慧社会

一是建立健全高效的智慧应急管理体系。持续加强"雪亮工程"建设。加快智慧安防示范应用推广，健全社会治安防控体系。二是全面提升基层智慧治理能力。着力实现"三推进"：其一，着力推进基层社会治理精准化。贯彻落实习近平总书记关于加强社区基层党建的重要指示，完善无缝隙、全覆盖、网格化服务管理模式，打造基层治理示范社区；其二，着力推进政府群众"双在线"。深化智慧党群服务系统建设，加快构建"党建统领＋基层治理"的工作体系。建议借鉴浙江"基层治理四平台"的做法，加快乡镇（街道）综治工作、市场监管、综合执法、便民服务"四个平台"建设，不断完善基层治理管理体系；其三，着力推进政务服务向基层"下沉"。鼓励探索政务服务驿站、"四零"建设等基层治理模式创新，尽快实现"最多跑一次"改革在基层落地。

（四）持续优化便捷高效的数字化服务体系

1. 深入实施"数字政府即平台"战略

以数字化倒逼改革，积极推动从"部门平台"到"政府即平台"，打破"协同困境"。持续深化"一网通办"，杜绝"一网页通办"，打通服务群众"最后一公里"。加快推进政务运行"一网协同"，建立健全扁平高效的一体化协同办公体系，积极推进整体智治的"五跨"协同机制。加快推进省域社会治理"一网统管"，全面提高社会治理智慧化水平。

2. 全面提高数字化政务服务效能

一是优化数字政务服务环境。持续推进"线上＋线下"数字政务深度融合，实现政务服务"智能办"。积极打造"不打烊的数字政府"，加快建立智能回访体系，形成政务服务闭环。二是鼓励以主动满足人民群众需求为中心的政务服务模式创新。聚焦"一老一幼"，积极打造"数字化社区养老"等便捷普惠的政务服务。

3. 着力优化"数智化"营商环境，打造绿色低碳的数字政府

适应申请加入《数字经济伙伴关系协定》（DEPA）的需要，加快推广"一体化审批"，持续开展"减证便民"行动，全面深化"证照分离"改革，推动惠企便民政策"免申即享"。建议借鉴杭州城市大脑"民生直达"平台的做法，打造政策兑付类数字化平台。完善数据要素市场准入体系，适当放宽准入门槛，将手续"由繁变简"，以适应数字经济跨行业融合、跨地区经营、快速迭代等特色要求。

4. 坚持数字普惠

一是全面提升全民数字素养。积极推动政务服务与全民数字素养同步发展，变"数字鸿沟"为"数字红利"。加大宣传力度，创新性的开展数字教育大讲堂、数字助老助残等活动。二是全面普及数字政务应用。持续优化一体化政务平台普惠性、基础性、兜底性服务能力。建议借鉴江苏、浙江等地出行"多码合一""四码一屏"的做法，推进基础性公共服务数字化应用。加快提升一体化政务平台适老化和无障碍服务水平，迭代更新微信小程序，为老年人、残疾人等特殊群体提供无障碍政务服务，共享数字生活。

（五）加快提升生态环境数字化治理能力

1. 加快推动绿色低碳发展

应不断提升生态环境数字化治理能力，让绿色成为高质量发展的鲜明底色，为建设美丽中国作出贡献。例如东北振兴战略，应将良好生态环境当作发展优势与宝贵资源。

2. 构建智慧高效的生态环境治理体系

一是建立"天空地一体化"生态环境智能感知监测体系。优化完善自然资源、国土空间和生态环境等基础信息，围绕水、大气等基本生态元素，建立实时在线监测体系，推动数据汇聚和实时动态感知，做好生态风险监测评估。二是建设生态环境综合决策应用平台。构建精准感知、智慧管控的协同治理体系，实现污染源监测、环境治理、生态保护全覆盖。加快推进"智慧水利""智慧海洋""智慧双碳"等重点应用，及时披露各类环境信息，增强群众生态环境获得感、安全感。

（六）深化政务公开

一是持续探索"线上＋线下"政务公开新形式。严格贯彻《政府信息公开条例》，建立健全动态更新机制。二是积极打造"门户网站＋政务新媒体"新格局，政务新媒体助力拓宽反馈渠道。充分利用抖音、微信公众号等新媒体，让公众反馈"有声"。三是打造政民互动"省级品牌"，建立"公众评议会"。

二、数字政府全方位安全保障体系是建设数字政府的重要屏障

（一）积极打造数字政府安全屏障

一是树立全新的数字政府安全观。深刻认识"数字政府建设的底线是安全"，不断强化网络安全意识，在头脑中筑牢网络安全"防火墙"，统筹推进"安全与发展"两件大事，加固数字政府建设安全防线。二是加快构建全方位、多层级、一体化数字政府安全防护体系。建立健全数字政府安全评估常态化机制，定期开展网络安全、数据保密等应用检查。建议借鉴广东数字政府整体安全防护体系，每年组织实战化的"粤盾"网络攻防演练，强化风险排查，保持安全风险事件零纪录。

（二）加快建立政府主导、多方参与的数字治理机制

一是完善数据安全协同治理体系，压实数字政府安全管理责任。加快推动以公众知情权保障数字政府建设过程中数据安全，强化多元主体协同监管力度。二是加强自主创新，提高自主可控水平。鼓励本土企业助推数字"新基建"升级，加快推进数字政府建设领域关键核心技术攻关。加强关键信息基础设施安全保障，为政务信息化应用提供安全可靠的算力和云储存等服务。三是积极探索数字治理新路径、模式再深化。建议建设关于"网络安全"主题的一系列国际、全国范围的会议、竞赛等节事活动，鼓励各省市主办或联办"区域性"的"网络安全峰会"。

（三）全面强化数据安全保护

一是全面提升数据治理能力。加强风险识别与防护、数据脱敏等技术应用，加快推进数据安全管理工作可量化、可追溯、可评估。坚持"底线＋开放"的核心原则，实现"自上而下"地保证数据安全与"自下而上"地挖掘数据价值有机结合。二是促进数据依法有序流动。严守《中华人民共和国数据安全法》《关键信息基础设施安全保护条例》等国家安全制度要求，秉持"动态理念"，持续完善省级相关法规条例，切实加强数字政府建设中数据安全体系的制度和标准，严厉打击危害数字政府网络安全的违法犯罪活动。

三、制度规则体系是建设数字政府的先决条件

（一）加快推进"顶层设计＋基层创新"有机结合

1. 推动顶层设计与体制机制不断创新

一是建议各省级建立"数字政府建设"专班。建立"一把手"亲自抓数字化改革的责任落实机制，统筹推进数字化要素保障。二是重视数字政府赋能。以数字政府引领驱动数字化改革"双向赋能、融合发展"，以数字政府建设推动数字经济、数字社会和数字生态建设。三是完善与数字政府建设相关的政策制度体系。根据国务院《关于加强数字政府建设的指导意见》"五大体系框架"，制定省级《关于加强数字政府建设的指导意见》。

2. 有序开展高质量的试点示范，鼓励"一地创新、各地复用"

鼓励各级各部门积极探索适合各地方发展的制度创新、服务创新和模

式创新。移植广东"省统、市建、共推"、浙江"一地创新、全省共享"机制，避免重复建设，寻求最佳效益。

3. 打造"省际结伴行"，创新区域协同合作新模式

加强区域协同对口合作，引进、培育相关部门业务专家，进行省际及省内"一对一"或"一对多"的定向扶持指导。加快数字政府共建共享的区域协同，实现数字政府共营共用的区域治理。

（二）加快构建开放创新、多元共治的数字政府生态治理体系

1. 聚焦数字共治

充分发挥政府、数字企业和社会公众等多元主体作用，共享共治共建复杂、多元的数字政府治理生态系统。树立"数字共治"理念，以数字化改革助力政府职能转变，加快实施"数字政府共建计划"。综合借鉴"政府主导＋社会参与""政企合作、管运分离"等经验，打造数字政府治理创新"样本间"。

2. 构建数字企业年度贡献评价体系

为积极引进华为、百度、阿里等更多头部数字企业，发展高能级总部经济，引导其与本土企业开展深入合作，共建共创数字新基建与应用场景。建议尽快建立数字企业贡献评价体系，依据评价结果为数字企业提供补贴、减税等奖励，并对接一体化政务服务平台。

3. 建立动态共享的数字政务专家智库

一是成立数字政府建设专家智库。建立健全重大决策事项专家咨询机制，推动政产学研合作，促进"百花齐放"。二是促进"数治智库"理论创新。深入开展数字政府理论研究，加快形成区域特色的数字政府建设理论体系。三是助推数字政务专家"上云"。构建全方位、多维度的专家评价体系，实施动态末位淘汰机制，做到全网随时可查。依据具体事项，进行大数据动态匹配，促进人才、技术、资源真实有效协同联动。

（三）全面提升干部数字化履职能力

1. 制定数字政务人才全面培养计划

建议研究编制"数字素养与技能培训大纲"，形成完善的培训体系。由各省委党校、"双一流"高校牵头，结合"网上党校"等线上方式，加

大数字素养培训力度。加快推动干部队伍专业素养和能力水平始终与数字化治理要求同频共振，建立高素质的数字政务人才梯队。

2. 提升领导干部数字化能力

一是形成数字化履职思维。定期举办数字政务人才培训班，强化各级领导干部对数字政府建设的必要性和重要性认知，掌握最新的数字化治理理念，打破思想认识上的"天花板"。建议借鉴浙江干部培养"项目专班制""干部路演制"等形式，推动领导干部从"部门思维"向"用户思维"转变。二是提高数字化应用能力。全面提升各级干部学网、懂网、用网能力，养成"用数据说话、靠数据决策、依数据执行"新习惯，不断提升履职和服务能力，将提高干部数字化能力作为加强数字政府建设的重要任务。三是建立"领导走访轮班制"。省市两级成立流动性小组，跨地区跨部门进行"轮岗"，突破以往单一模式，打造一批数字化改革示范和实践基地。

3. 探索数字政务人才"考评聘"新机制

一是建立数字政务人才考评制度。探索推进聘任制改革，招聘数字化领域"高精尖缺"人才，释放"数字人才红利"。二是构建数字政务人才胜任力动态评价机制。将数字化能力考察纳入公务员培训和考核体系，从数字化服务、数字化决策、创新力、协同力等维度，建立优劣"两端干部库"，倒逼干部抓落实促改革。

（四）持续更新完善数字政府评价体系

对照国家文件以及第三方指标，设计一套科学的、多维度的数字政府评价体系，以标准化促进数字政府建设规范化、可持续发展。建议将绿色低碳、数字共治等新理念融入评价体系，借鉴浙江"数字政府评价体系2.0"框架，覆盖顶层设计、数字基建、数据共享、通用能力建设、场景应用与创新、综合保障等。

（五）强化地方立法支撑

坚持数字技术创新与制度创新双轮驱动，以立法形式固化数字化改革成果。及时推动相关法律法规的立改废释纂，从而促进数字政府建设与法治政府建设同频共振、共同发展。

四、开放共享的数据资源体系是建设数字政府的有力支撑

（一）以制度创新助推数据治理

一是坚持数据赋能。充分认识"数据作为新型生产要素，是数字化、网络化、智能化的基础"，充分发挥数据的基础资源作用和创新引擎作用，加快推动数据赋能社会治理与经济发展。二是加快建立首席数据官（CDO）制度。可在省内选取首批试点城市，推行首席数据官、数据专员制度，加强公共数据统筹管理。借鉴《广东省首席数据官制度试点工作方案》，加快完善首席数据官组织职能、考核评价体系等相关制度，促进数据要素市场化配置改革。

（二）实现数据高效共享

1. 加快完善一体化数据资源管理系统（IRS）

一是摸清公共数据资源底数。推动公共数据"应归尽归"、跨地区数据共享，实现数据资源一本账管理、一站式浏览。健全基础库主题库专题库。二是建立"一数一源一标准"数据更新维护机制。建议借鉴浙江的做法，对每个数据资源赋予唯一的"身份ID"，进行全生命周期管控。三是推进数据回流赋能基层治理，让"数据回家"。鼓励公共数据在基层有序开发利用，对基层治理进行"二次赋权"，再次服务于基层政务创新。加快推进"数据回流"共享机制建设。

2. 积极打造"数字资源超市"

建议借鉴浙江余杭搭建"数字资源超市"的做法，将云资源、算法和服务、数据产品资源等"特殊商品"上线，经过"搭积木"式的模块组装，实现各类应用打造。加强数据汇聚融合、共享开放和开发利用。

（三）加快构建分类分级的公共数据授权机制

加快提升相关部门的数字技术水平，注重数据价值而非数据本身的共享。根据公共数据的敏感程度、应用场景差异化制定分级分类的授权机制，促进公共数据跨部门、跨区域、跨行业的安全高效共享，赋能数字政府的"数治""数智"能力，激发数据要素释放数字经济新动能。

（四）积极拓展数字政务应用场景

加快推进大数据、数字孪生等数字技术创新应用到政务服务场景中，

构建平台联通、流程高效、场景统筹的长效机制。建立健全奖励机制，促进数据价值化成果转型"落地"。依据民生需求，深度挖掘数字政务应用场景，例如在城市大脑等城市建设中、在"不见面审批"等营商环境优化中、在出行"四码一屏"等公共服务中。

五、智能集约的平台支撑体系是建设数字政府的重要依托

（一）全面实施政务"大中台"战略

积极打造"一体化政务平台+数据中心"建设体系，加快实现资源共享共用，推进政府运行高效协同。加快推进一体化政务服务平台迭代升级，全面提升数字化、智能化水平。加快构建以省政府数据中心为核心、绿色集约的一体化大数据中心及容灾备份体系。

（二）持续强化政务云平台支撑能力

加快推进全国范围的政务云建设。探索建立政务云资源统一调度机制。进一步统筹推进电子政务内外网建设，提高省市县乡村五级"向基层延伸"的覆盖能力，有序推进非涉密业务专网向政务外网整合迁移。建设云网安全等基础设施，保障云平台安全可控。借鉴广东"集约共享"平台建设做法，建设省市两级政务云平台和大数据中心，联通各级各部门分散建设的业务系统，形成全省"一片云、一张网"。

（三）加快推进数字化共性应用集约建设

加快推进一体化应用支撑体系建设，重点建设物联网、数字孪生（CIM）、人工智能等平台。依托人口库、法人库等认证资源，尽快搭建"数字身份系统"。加强电子证照、电子档案、财务税收等领域应用，推进跨省互认，全方位深化政府数字化转型。建议借鉴山东"无证明城市"做法，推动全国范围"无证明城市"发展。

第三节　研究局限与未来展望

虽然本书从数字政府基础性理论研究出发，综合运用技术赋能、协同

治理、数字治理、价值共创等相关理论，结合 CiteSpace 文献分析、多案例比较研究等多种研究方法，对数字政府治理进行较为深入探讨，全面回答了本书提出的研究问题，达成了计划的研究目标。但不能否认的是，本书限于研究主题与文章篇幅仍有一些值得深入研究和思考之处，有待未来研究进行解决与探讨。

从研究方法上，本书通过多种研究方法来保证研究的信度和效度，但是否涵盖了应研究的所有因素还值得深入探讨。因此，未来研究可以采用更多的研究方法，进行综合运用设计，例如应用 fs/QCA、社会网络分析、大样本统计检验、元分析、实验法等进行定性与定量相结合的研究，增强研究的信度和效度。

从研究内容上，本书从整体的视角对"数字政府"进行研究，覆盖面较为宽泛，缺少深层次的探讨与分析，未来可聚焦其中一点进行实证分析，以佐证研究。如可基于本书初步构建的数字政府评价体系进一步验证，严格遵循综合评价指标体系构建的 5 个阶段，即"初步构建—初步筛选—定量筛选—合理性检验—反馈性检验"，并进行反复论证；可围绕"价值共创""元宇宙治理"等新理论进行辨析，完善"数字政府治理体系"；也可探寻多元主体参与数字政府治理机制构建入手，了解政府、行业协会、数字企业、公众等多元主体间如何在数字政府治理过程中创造价值，探索其参与共创的"动机—行为—结果"；侧重于数字政府某一方面政策性研究，例如数据治理、营商环境优化政务服务升级、数据共享与安全等。

从研究视角上，未来可以"数字赋能""数字治理""多主体协同治理"视角继续相关研究，探寻我国不同区域数字政府治理的差异化发展路径；也可引用本书所提的价值共创理论，进行基于"价值共创"视角下的数字政府治理机制研究；同时也可以对其进行组织研究，例如数字政府治理内在机理研究等。

附　录

附表 1　国外数字政府政策

国家 （地区）	文件名称	相关表述	年份
美国	《国家绩效评估》	运用信息技术重塑政府，建立以客户为导向的电子政府	1993
	《国家信息基础设施行动》	通过国家信息基础设施推进美国社会信息化程度和电子政务的发展	1993
	《公文精简法》	要求实现政府无纸化办公	1995
	《电子政务战略简化面向公民的服务》	以公民为中心，以结果为导向，以市场为基础三大原则，旨在提高政府的工作绩效，便于公民与联邦政府的互动，改善政府对公民的回应能力	2002
	《电子政务法案 2002》	在白宫管理与预算办公室设电子政务办公室，设电子政务专项基金，用以支持联邦政府的信息化水平	2002
	《开放政府计划》	系统布局政府信息开放工作，强化政府数据的归集和统筹。特别是建立 Data. gov 政府数据公开网站，设置数据、主题、影响、应用程序、程序开发、联系等六大板块，提供包括数据提供、数据检索、数据利用、交流与互动在内的服务	2010
	《数字政府：构建一个 21 世纪平台以更好地服务美国人民》	三大目标：一是随时、随地地通过任何设备访问高质量的数字政府信息和服务。二是确保美国政府适应新的数字世界，抓住机遇，以智慧，以安全和实惠的方式采购和管理设备、应用和数据。三是开发政府数据以刺激全国的创新，改进政务服务的质量。坚持四大原则：以信息为中心，共享平台，以客户为中心，安全和隐私平台	2012

续表

国家（地区）	文件名称	相关表述	年份
美国	《大数据研究和发展计划》	通过对海量和复杂的数字资料进行收集、整理，从而提升对社会经济发展的预测能力。有 15 个地方政府参加联邦大数据计划，促使各国各联邦政府部门实现数字化转型，为后期开展大数据战略提供重要指导	2012
	《联邦信息安全现代化法案》	要求联邦机构实施一套强制性的流程和系统控制，以确保系统相关信息的机密性、完整性和可用性	2014
	《联邦政府网络安全策略与执行计划》	提出五个计划：优先识别和保护高价值信息和资产，及时发现和快速响应网络事件；事故发生时迅速恢复，加快从 Sprint 评估中吸取的经验教训；招聘和保留最高素质的网络安全工作人员，有效地获取人才，高效、有效地获取和部署现有和新兴技术	2015
	《联邦大数据研究与开发战略计划》	提出七大战略，涵盖大数据技术、可信数据、共享管理、安全管理、安全隐私、基础设施、人才培养和协作管理等大数据研发相关等，构建数据驱动战略体系，利用新兴的大数据技术，技术和功能来激发联邦大数据机构和整个国家的新潜能，加速科学发现和创新进程，并培育 21 世纪下一代科学家和工程师，促进经济增长。该计划涉及 15 个联邦机构，对各联邦部门制定与大数据相关的计划和投资提出了指导意见	2016
	《数字战略 2020—2024》	通过在国际开发项目中使用数字技术的责任，改善可衡量的发展和人道主义援助成果；增强国家级数字生态系统的开放性、包容性和安全性	2020
欧盟	《"欧洲通向信息社会之路"行动计划》	加强了信息技术在远距离工作和教育、大学和研究中心信息网络的建设等方面的应用	1994
	《电子欧洲议程》	主张消除各种障碍发展因特网，加速欧洲网络建设，使欧洲能够充分利用因特网和数字技术的优势，加快发展"新经济"。目标是实现信息社会	2000

续表

国家（地区）	文件名称	相关表述	年份
欧盟	《欧洲2020战略》《欧洲数字议程》	《欧洲数字议程》是《欧洲2020战略》的配套计划。其中提出了七个方面的优先行动：1. 建立一个新的数字市场，让数字时代的各种优势能及时共享；2. 改进信息技术标准与互操作性；3. 增强网络信任与安全措施；4. 增加欧洲人的数字技能与超速互联网的接入；5. 加强信息技术的前沿研发与创新，应对社会各种大挑战；6. 加强全体欧盟公民获得电子政务服务；7. 释放信息技术服务社会的潜能。其中将欧盟网民比例从目前的60%提高至75%，半数公民能获得电子政务服务的目标	2010
	《欧洲2011～2015年电子政务管理行动计划》	目标是提高欧盟地区电子政务的普及率，实现到2015年50%的市民和80%的企业使用电子政务服务。该计划为公共部门设立的目标邀请第三方合作推动电子政务应该优先支持发展的4个领域，即明确应该优先支持发展的4个领域，使利益相关方参与公共政策的制定。动因素，必要的法律和商业权能，进一步建设欧洲数字化统一市场，高效处理政务，通过关键驱动因素、必要的法律和技术前提包括互操作性、实现行动计划	2010
	《欧盟电子政务行动计划（2016～2020）》	通过电子政务实现欧盟公共行政现代化，作为数字公共服务和技术的数字工具和创新。强调"支持行政流程、提高服务质量和提高欧盟内部公共部门的效率"	2016
	《通用数据保护条例》（GDPR）	推动建立数字单一市场，重视数据保护与开放共享；偏向"数据权利保护"，意在打造公民数据基本权利	2018
	《2030数字指南针：数字十年的欧洲方式》	对数字基础设施、数字公共服务、数字公民身份等提出新目标，即到2030年，尝试实现公共服务100%在线，80%的公民使用数字身份证。强调了追求数字化朝着以人为本、可持续发展和更繁荣的数字化方向发展。从数字技能、数字基建、数字商业与数字公共服务四方面展开。例如建设数字安全可靠的数字化和商业部门的数字化转型。此外，文件提出了"数字公民身份"的概念，阐明了应纳入数字技术、商品和服务中的基本权利权利和原则	2021

续表

国家（地区）	文件名称	相关表述	年份
俄罗斯	《电子俄罗斯（2002～2010）》	计划包括建设复杂的政府信息技术（IT）基础设施所必需的全方位措施。包括开发识别和认证系统以及数字（无纸化）工作流程。该方案规定开发解决方案，以整合各种独立建立的国家信息系统，以确保通过多功能中心提供复杂的服务	2002
	《2010年前俄联邦建立电子政府构想》	俄罗斯将电子政府建设的目标设定为政府信息公开和提供国家服务，具体包括：1. 发展政府机构网站，建立统一互联网门户，开通移动政府信息活动，有效地发布政府活动与法规信息，公共服务信息，实现网上服务的交互性和信息反馈的及时性；2. 建设接入中心或部门网络活动和国家电子服务电子服务终端，基于多功能中心，建立面向全社会的互联网公共服务的统一"一站式"原则，依据公民与全俄罗斯国家信息咨询提供服务来自多个不同部门的综合服务；3. 建立支持公民、部际数据交换中心，全俄罗斯国家信息咨询系统、联邦各信息服务门户，联邦电话服务系统间的兼容性、互操作性和实用性，例如办理申请护照、驾证、注册不动产产权、提交纳税社会义和公共意义的国家服务，支付社会保险等	2008
	《联邦国家"信息社会"纲要（2011～2020年）》	将公共服务、内部工作流程和数据政府转变为数字格式。提出俄罗斯信息社会的基本框架，主要包括四个方面：1. 基本原则：国家与商业者，公民社会之间建立合作伙伴关系，自由、平等地获取信息，支持国内信息技术产品和服务，促进信息通信领域的国际合作，保障国家信息安全；4. 国家信息安全：利用信息通信技术，提高公民生活水平，参与研究全球信息基础设施利用国际文件及机制建设，国际信息交流，加强国际竞争力，防止利用信息通信技术进行恐怖主义等犯罪活动，参与国际科技发展计划，参与研究制订信息社会生活质量的国际标准，并保持与一致。任务主要发展规划中的六个子规划来体现，包括"信息社会居民生活质量水平""电子政务和国家管理的效力""俄罗斯信息和通信技术市场""信息社会基础设施""信息社会安全""数字转换和文化遗产"	2010

续表

国家（地区）	文件名称	相关表述	年份
俄罗斯	《国家与市政电子化服务提供机制发展构想》	旨在提高居民和中小企业对国家与市政服务电子化的满意度	2013
	《俄联邦2018～2025年主要战略发展方向目录》	2018年进入实施阶段，借助数字经济提升生产运营各环节效率	2017
	《2035年前俄联邦数字经济发展规划》	确立了"数字化国家治理"联邦项目，主要任务是实现国家治理的数字化转型，旨在通过国家数字化服务和建立互联网提供供俄联邦数字服务和市政数字身份验证。此项目目前由互联网提供国家服务平台。此通过互联网提供国家服务平台设计服务平台，二是国家和市政机关各部门间公文自动化率达到90%，三是60%的俄罗斯和市政居民拥有带电子签名的数字身份验证，四是俄罗斯与欧亚经济联盟成员国之间电子公文交换率达90%	2017
	《2024年前俄联邦国家发展目标和战略任务》	在国家治理和治理方面引进数字技术和决策平台是俄联邦最优先的一项战略发展任务。其在数字治理方面包含两个主要方向：1. 为实现居民和企业主体利益，在国家治理和政策协商机制，领域引进数字技术和平台解决方案；2. 在欧亚经济联盟成员国建立并运行国家政策发展计划，落实数字经济发展计划	2018
	《俄联邦科技发展国家纲要》	其包含3个关键目标：1. 发展全民智慧潜力；2. 经济结构变化的科技和智慧保障；3. 科学、科技和创新活动的有效机制和技术更新	2019
	《2019～2021年建立和运行国家数据管理系统构想》	该构想的执行方是俄联邦数字发展、通信和大众传媒部及有关执行机构，俄罗斯政府分析中心，建立并运行国家数据管理系统的主要目标是提高国家数据的建立、搜集和利用效率，提供国家和市政服务，履行国家和市政职能，保障自然人和法人获得信息的渠道	2019
	《关于2030年前俄罗斯联邦国家发展目标》	数字化转型是俄罗斯2030年前国家发展目标之一，应完成四项指标：1. 实现关键经济社会领域的成熟数字化，包括卫生保健、教育和国家治理；2. 使具有社会意义的公众电子服务份额达到95%；3. 家庭宽带联网率增至97%；4. 与2019年相比，对国内IT领域项目的投入额增加4倍	2020

续表

国家（地区）	文件名称	相关表述	年份
俄罗斯	《2025年前俄联邦社会领域数字转型纲要》	俄罗斯将构建成统一的数字平台，整合所有社会保障资源，居民无须提交申请和证明材料就可以获得社会保障资源。新平台整合了俄联邦劳动和社会保障部、俄罗斯退休基金会保险基金和医疗社会鉴定机构的信息系统等可以实现社会保障的全生命周期服务	2021
澳大利亚	《澳大利亚数字经济：未来发展方向》	在数字经济未来发展方向上，政府将在以下三个方面做出努力：1. 强调开放部门数据；2. 促进数字经济的发展：①探索可行的战略意识的提升来展示开放获取公共信息资源给数字经济所带来的好处，②通过引导整个政府信息技术发展趋势，③支持澳大利亚创新商业化发展，④通过信息技术中心（NICTA）和澳大利亚联邦科学与工业研究组织（CSIRO）进行数字化创新的发展；3. 建立卓越研究中心，在更广的社会范围内促进IT创新的发展有利的规章制度：①政府将考虑是否把"避风港（safe harbour）"制度的范围扩展到其他类型的在线服务供应商，②政府将继续监测整个监管环境，以应对未来可能出现的限制数字经济增长的状况	2009
	《参与：接触政府2.0》	采用新技术构建"更加开放、负责、有回应的高效的政府"。关注以什么样的方式利用诸如Web 2.0 的技术来构建"更加开放、负责、有责任、有回应、高效的政府"。该报告其中一个关注主题是开放公共部门信息的获取渠道	2009
	《开放政府宣言》	政府应通过持续性的技术创新，加强公众获取政府信息的权利，营造信息开放的文化环境	2010
	《澳大利亚数字化转化政策》	要求政府办公渐使用电子信息代替纸质资料	2011
	《澳大利亚公共服务信息通讯技术战略2012－2015》	其中第三部分为开放政府信息获取和可用性：随着政府信息获取和可用性得到改善，澳大利亚公共服务会变得更加透明和开放	2012
	《公共服务大数据战略》	公共部门大数据分析过程以及分析结果均应及时在专门公布在专门的网站上，保证公众在任何地方及时获取相关信息。数据属于国家资产，要保护公众隐私，实现数据的完整性和可复制性，共享大数据开发利用技术，加强政府与企业以及学界的合作，进一步实现数据开发	2013

续表

国家（地区）	文件名称	相关表述	年份
澳大利亚	《联盟的电子政务政策与数字经济》	保证数据的开放性。澳大利亚在开放数据门户和各地的政府网站平台设置专门版块，鼓励公众分享数据，交流参与、反馈问题，提高政府部门数据的开放性	2013
	《2020数字连续性政策》	提高数字化进程，提高政府效率以及支持电子政府和数字经济	2015
	《澳大利亚网络安全战略—助推创新、发展与繁荣》	进一步统筹规划数字经济发展，强化数字经济在网络安全中的应用能力，推动国家创新和繁荣。通过与国际组织、区域组织开展合作，澳大利亚政府鼓励数字经济贸易发展	2016
	《澳大利亚技术未来》①	从四大领域七个方面提出了澳大利亚大力发展数字经济需要采取的措施：技能、包容性、数字政府、数字基础设施、数据、网络安全和监管。在数字经济方面提出"保证澳民众数据隐私，提升数字便、清晰、快速地享受数字体验，建立公众信任保护数据隐私服务能力"等	2018
英国	《公民宪章》	通过设定服务标准，提高公共服务质量，实现公共行政改革及为改革提供可能路径各行各业中应用信息技术的繁荣以及在信息技术的繁荣。信息技术现代化	1991
	《电子政府：信息技术与公民》	政府要积极利用ICT技术以改善政府内部管理和提供公共服务	1998
	《政府现代化》	包括所有面向公民的政府公共服务均能在线提供，提供7×24的在线服务，计划2008年全面实现"电子政府"的目标	1999
	《21世纪政府电子服务》	明确提出要从三大领域进行变革：1.确保基于公民的使用来提供政府电子服务；2.以电子方式向私营机构和其他机构提供政府服务；3.制定新的激励措施、工具和制度以实现变革	2000
	《政府直通车2010及以后：革命而不是进化》	针对过多政府网站导致"高度重复"和"差异性用户体验"等问题提出建议，主张进一步整合集中，建设单一政府网站，提高在线公共服务的便利性与效率	2010

续表

国家（地区）	文件名称	相关表述	年份
英国	《数字政府战略》	标志着英国政府进入公共服务数字化阶段。核心理念即"首选数字化"（Digital By Default），要求政府部门和机构围绕政府门户网站和数字服务，以数字技术为核心重新设计一批高质量的公共服务，使其更为简单、便捷，让服务获取者更倾向于选择和使用数字化服务。提出13项要求，可以概括为数字能力建设、扩大在线服务服务覆盖范围、法律制度保障和技术支持四大类	2012
	《数字服务标准》	为政府部门创建和运行数字服务提供了统一标准：1 理解用户的用户研究；2. 进行持续的用户和系统；3. 拥有一支多学科团队；4. 使用敏捷开发方法；5. 经常迭代和改进；6. 评估工具和系统；7. 了解安全和隐私问题；8. 打开所有新源代码；9. 使用开放标准和通用平台；10. 测试端到端服务；11. 制定离线计划；12. 确保用户第一次成功使用数字服务；13. 使用户体验与 GOV. UK 保持一致；14. 鼓励每个人使用数字服务；15. 收集绩效数据；16. 确定业绩指标；17. 报告绩效平台的绩效数据；18. 与部门长一起测试	2013
	《政府数字包容战略》	提出10项行动计划，强调要从访问能力、数字技能及动机信息三个方面，采取行动减少数字排斥，使每位公民都能获取所需的数字技能，进一步推进英国数字政府发展进程	2014
	《数字经济战略（2015～2018）》	重点打造线上身份认证、支付与通知三大数字政务平台，帮助传统企业利用数字技术进行升级转型，为英国数字化强国战略奠定基础	2015
	《政府转型战略（2017～2020年）》	三大转型：面向公民的服务转型、面向政府内部的服务转型、面向政府改革的转型。五个方面目标：1. 业务转型，旨在继续提供世界一流的数字化服务，使政策制定和数字服务设计更加紧密联系，确保政府能够提供有关内容和服务，以高效方式在整体上改变政府从前端到后台的运营方式；2. 培养合适的人才、技能和文化，旨在变革政府领导和公务员数字技能和数字文化；3. 为公务员提供更好的工具，旨在培养政府领导和公务员掌握正确的技能和数字文化工作；4. 更好地利用数据，旨在提高政府数据质量、流程和治理方式，实现跨部门数据共享，安全和符合道德地利用数据，从而响应公民需求；5. 创建共享平台、可复用的业务功能，持续在政府部门之间共享代码、模式、平台和组件，从而减少重复建设，降低成本并提高效率	2017

续表

国家（地区）	文件名称	相关表述	年份
英国	《数字宪章》	规定了以下原则：互联网应免费、开放和可用；采取措施保护人们尤其是儿童使用个人数据；线上人群应了解适用规则；尊重并妥善使用技术带来的社会和经济效益应公平共享；线下权利在线上应受到同等保护；新企业的最佳信心，在促进创新，鼓励高科技产业发展规章制度上领先世界，提振公众对新技术的信心，为数字经济的发展壮大创造最佳条件。旨在使英国成为全球最安全的网络国家和成立数字术的最佳信心之地	2018
	《数字服务标准》（最新版）	为完善数字政务服务的用户体验和满意度设立14条标准：1. 理解用户及其需求；2. 解决用户整个问题；3. 提供多道融合的用户体验；4. 使政务服务简单易用；5. 确保每个人都可以使用服务；6. 拥有一支多学科团队；7. 使用敏捷的工作方式；8. 经常迭代和改进；9. 创建保护用户隐私的安全服务；10. 定义服务的成功的源代码；11. 选择合适的工具和技术；12. 开放新的源代码；13. 使用并参与开放标准，通用组件和模式；14. 提供可靠的服务。新的《标准》要求英国政府的数字服务应"确保每个人都可以使用服务"，而此前用户的判断是"鼓励每个人使用"，两相对比可以看出，英国政府此前在对服务能力、体验以及用户的态度是"鼓励"，由于数字政务服务的判断是信心一定信心，作为初始化，尝试性推广数字政务服务，英国政府推出的是"确保"，在线上成为现在用户使用政务服务的主界面，数字政务服务并希望通过用户参与服务的不断上线，以及数字技能缺失的人不被边缘化，不被数字技术所排斥，服务需要提量惠性，保证残疾性，以及数字政务服务平台应首先示范如何消除数字鸿沟，作为数字时代的公共服务至上线政府服务至单一登录平台	2019
	《政府数字服务：2021～2024年战略》	数字政府着重解决跨政府部门联合服务问题，并建立适用于所有人的单一数字身份，推出在线政务服务的单点录入方案，归口线上政府服务至单一平台	2021
日本	《电子政务建设规划》	强调要畅通老年人和残疾人获取电子政务服务的渠道，并注重发展多通道环境以提升便利性。日本正以将"数据弱者"融入社会的政府数字化转型战略为基础，着力从创新的角度推动让更多人适应数字化社会的广域协调，共享和标准化打造，优先建立以用户为导向的超老龄社会"数字政府推广和评估模式"	2003

国家 (地区)	文件名称	相关表述	年份
日本	《新信息通信技术战略》	"实现以国民为中心的电子行政"政策，要求创造国民无论身处身处何地都能24小时"一站式（One Stop）"在线申请服务的平台，尤其体现以日本政府为"支轴"着眼对所有个体的持续联动	2010
	《数字行政开放数据战略》	实现数字经济信息化、网络化、智能化各阶段有章可循	2012
	《政府首席信息官法案》	提出"世界最先进IT国家创造宣言"，强调以提供高速便捷的电子行政服务为目标，将数字政务界定为政务的主轴，并彰显国民联动国民及社会的效率保证	2013
	《第5期科学技术基本计划》	首次提出打造基于AI的"超智能社会（Society 5.0）"目标。通过灵活运用AI技术，强化以数字政府为"支轴"联动中心，引领构建更加系统协调、持续包容的"绿色"社会	2016
	《世界最先进数字国家创造宣言·官民数据活用推进基本计划》	旨在利用数字技术AI系统实现100%的行政服务数字化等行政服务改革	2018
	《数字程序法》	形成"数字优先（Digital First）" "只一次（Once Only）" "一站式连接（Connected One Stop）"等"数字化三原则"改革	2019
	《数字政府实行计划》	旨在整个社会的数字化进程中，确保数字技术和AI系统联动政府部门、私营企业、普通公民等的所有活动，以满足每个人需求的方式来解决社会问题，使他们能够享受到安全且有保障的生活，并切实感受生活的富足。具体要实现以下目标：1. 通过数字政府和AI系统，人们可以不分时间和地点以最佳方式获取必要的服务，并让每个人都能最大限度地发挥自己的能力，从而让其体验；2. 实现中央和地方、公共部门与私营部门、数据与服务有机联动以确保社会不断涌现，灵活地解决社会问题，从而快速、持续地创新繁荣呈现，推动经济可持续增长；3. 成立"数字化厅"	2019

续表

国家（地区）	文件名称	相关表述	年份
日本	《通过数字变革构建新的地区好社会（总务省重点政策2021）》	拟结合数字政府转型及AI技术的运用从根本上推进自治体数字化和社会变革等"新的日常"构建。其中电强调，政府和公共服务部门不仅要实现自我变革，还需要为创造具有冲击性的创新而发挥中心"支轴"作用	2020
新加坡	《国家计算机计划（1980~1985）》	提倡办公无纸化，自动化和全社会的电脑化	1980
	《国家IT计划（1986~1991）》	为各级公务员配备电脑并对其进行信息化培训	1986
	《国家科技计划（1991~2000）》	在行政和技术层面上解决城市信息互联互通和数据共享的问题，将信息共享从政府扩展到全社会，消除"信息孤岛"	1991
	《IT2000智慧岛计划（1992~1999）》	将新加坡定位于成为一个全球IT中心。以ATM交换技术为核心，光纤同轴混合网（HFC）和ADSL并举担当"智能岛"主干神经网担当重要角色，它经由局域网接入所有的办公室、公共场所和家庭，向社会各领域提供信息技术应用和服务，将社区联接全球化，改善人们的生活质量，提供新加坡人的潜能	1992
	《覆盖全国的高速宽带多媒体网络计划（Singapore One）》	旨在建设一个集高速和交互为一体的多媒体网络信息服务平台，公众可通过该网络享受7×24小时全天候服务	1998
	《e-Government Action Plan Ⅰ》	提出要在全球经济日益数字化进程中将新加坡发展成电子政务领先的国家	2000
	《e-Government Action Plan Ⅱ》	在未来三年间打造一个网络化的政府，实现数字化业务系统的部门全覆盖	2003
	《智慧国2015计划（2006~2015）》	旨在充分利用信息通信技术（ICT）提高新加坡的经济竞争力和创新能力，将其打造成一个信息技术无处不在的智慧国家、全球化的城市	2006
	《智慧国2025计划（2015~2025）》	旨在使用科学技术为民众创造更加舒适且无满意义的生活，利用互联网、物联网、数据分析和通讯技术，提升民众生活质量，增加商业机会，促进种族团结	2014

续表

国家 （地区）	文件名称	相关表述	年份
新加坡	《数字准备蓝图》	强调推进增强包容性的数字化访问，把数字素养融入国家意识，推动社区和企业广泛采用数字技术，通过设计促进数字包容性等重点工作	2018
	《数字政府蓝图》	对各政府部门提出数字化服务的 14 个绩效考核指标，用于衡量政府数字化进程，表明政府更好地利用数据和新技术，推动更广泛地建设数字经济和数字社会的雄心，以支持"智慧国家"	2018 （2020 年 12 月 更新）
韩国	《促进信息化基本法》	投资 1313 亿美元建设"韩国信息基础设施工程"	1996
	《智能电子政府计划》	旨在建设开放共享的数字政府	2010
	《促进公共数据提供与推广基本计划（2013～2017）》	建立一站式的公共数据框架，促进政府信息公开以企业参与政府 3.0 建设与数据利用。建设公共数据门户网，成立开放数据中心，成立了所有政府部门的信息公开门户网站，并将国有大数据、民营企业大数据、国民群众大数据统合，扩大数据开放范围	2013
	《公共数据提供与推广执行计划》	数据优先开放，促进企业参与政府 3.0 以及数据利用进行了政策设计	2013
	《智慧电子政府 2015 计划》	创造一个高效政府，鼓励民众随时随地通过智能设备参与政府服务。"三大计划"：打造全球最佳电子政务，云计算与物联网服务为内容的 ICT 基础设施建设；"五大计划"：打造全球最佳电子政务，建设一个安全稳定的社会，推动工作生活平衡的智能工作方式，加强与民众沟通并提供个性化服务，建设强大的电子政务基础设施	2014
	《智能信息社会中长期综合对策》	将大数据及其相关技术界定为智能信息社会的核心要素，并提出具体的发展目标与举措	2016
	《2017 年电子政府 10 大技术趋势》	宣布将电子政府逐渐发展成为结合数据分析、机器人技术，提供更周到到服务的"以数据为中心的政府"	2017

173

续表

国家 （地区）	文件名称	相关表述	年份
韩国	《人工智能国家战略》	提高国民教育水平和对最新技术的接受度，努力将韩国在信息通信技术、半导体、电子原配件制造技术等领域的优势发挥到最大，以达到世界领先水平	2019
	《人工智能伦理标准》《人工智能相关制度与法律指南》	开发和运用人工智能以人的尊严和社会公益为优先。科学技术信息通信部制定了十大核心条件，从开发到运用人工智能的整个过程需遵守保障公共性、责任性、数据管理、禁止侵犯、公共性、连带性、安全性和透明性等条件	2020
丹麦	《1985年获取公共管理文件法》	允许"任何人"要求查阅行政文件。机关对于前述要求应尽快答复，若超过10日没有答复，则应告知申请的理由以及预计答复的时间。保障了公众获取公共信息的权利	1985
	《迈向电子政务：丹麦公共部门的愿景和战略》	提出将信息技术应用到政府中，提高政府办公效率	2002
	《电子政务发展战略》	要求办公完全"无纸化"，进一步加强政府各部门的协作，在医疗教育等领域建设全国性的"电子岗位"，方便公众与政府机构的交流	2011
	《2016～2020年数字战略》	强调政府与企业及其他利益相关方的合作，致力于停止纸质文件的使用，开放政府数据，提高公共数据使用便利度	2016
	《2018～2021年丹麦网络和信息安全战略》	加强数字政府建设中的网络信息安全建设，计划建立一个可以抵御网络风险的国家网络中心	2017

资料来源：笔者根据相关资料整理所得。

附表 2　国外主要机构数字政府相关评估指标体系

机构	名称	指标构成	年份
经济合作与发展组织（OECD）	《数字经济指标体系》	投资智能化基础设施、创新能力、赋权社会、ICT 促进经济增长与增加就业岗位四个一级指标，38 个二级指标	2022
	《数字政府指数 2019》	该指数 DGI 从 6 个维度进行评估，包括数字化设计、数据驱动性、平台功能、默认开放性、用户驱动性以及主动性	2019
联合国经济和社会事务部	《联合国电子政务调查报告》国家级的电子政务发展情况，用于衡量国家机构使用信息和通信技术未来提供公共服务的准备情况和能力	电信基础设施指数（TII）、人力资本指数（HCI）、在线服务指数（OSI），三个标准化指数的加权平均数即为数字政府的综合指数。其中，在线服务主要衡量政府通过互联网提供各类公共服务的能力，电信基础设施主要关注互联网渗透率和宽带接入率等方面，而人力资本主要衡量人口受教育程度。此外，联合国还对电子参与进行评估，主要考察公民通过互联网参政议政、建言献策、监督政府的情况	2020
	《数字政府能力评估：地方和国家政府能力发展手册》	包含领导力、行动战略、治理、法律、技术、职业和劳动力发展六大维度以及 20 个子维度	2021
早稻田大学电子政府与自治体研究所	早稻田 2022 年第 17 届国际数字政府评估排名	全球 64 个主要国家和地区。基础设施、管理优化、在线服务、国家门户、政府首席信息官、数字政府推广支撑机制、电子参与、开放政府、网络安全、新技术使用等指标	2022

175

续表

机构	名称	指标构成	年份
美国总务管理局	《21世纪综合数字体验法案》	致力于通过数字化转型尽可能提升政府信息基础设施、政务服务的集约效应，从而提高效率、减小开支。包括数字治理、现代化、共享服务、用户体验、政务文档数字化（网站设计合理化）、建设、可反性、报告功能、集约性，实践社区数字化共9个一级指标	2020
加拿大财政部与埃森哲合作	《建设创新型国家》《数字化运营战略规划：2018~2022年》	基于成果的评价系统，其中包括11项指标，例如便利性、可访问性、可信度、服务成熟度、用户接受度和服务转换等。2003年，该评价体系被联合国列为全球电子政务服务的典范。加拿大主要注重提高用户满意度和政府服务质量，评估网站服务质量可用性与公共利益的促进和公民价值的提高	2019
世界经济论坛	网络准备度（NRI）	网络准备度指数被定义为："一个国家或社区参与和得益于ICT发展的准备度"，其共设有53个单项指标，分为四大类：环境、就绪度、使用情况和影响力，以及信息化发展对社会与经济发展的影响	2016
国际电信联盟	ICT发展指数（IDI）	ICT发展指数（IDI）分别从ICT接入、ICT使用以及ICT技能三个维度及11项二级指标来衡量各个国家和地区ICT的发展水平，该指标选取标准包括指数数据的相关性、数据可用性以及诸如PCA（主成分分析）等统计分析方法的结果	2017
布朗大学	布朗大学电子政务绩效评估指标	对世界近200个国家的1000个政府网站进行评估并发布研究报告。其定义的电子政务绩效包括三个方面。从信息获取、服务传递、公共接入等方面：一是政府网站的信息服务；二是对信息通信技术（ICT）基础设施的数据分析；三是对人力资本的数据分析	2021

附表 3　国内主要机构数字政府相关评估指标体系

机构	名称	指标构成	年份
清华大学公共管理学院、清华大学数据治理研究中心	《2016 年中国"互联网＋政务服务"调查评估报告》	从事项清单目录化、服务功能网络化、服务资源标准化、便捷服务实用性、服务渠道便捷性等五个维度对省市级服务平台建设与应用结果进行分析，并对结果进行分析	2016
	《2020 数字政府发展指数报告》	从组织机构、制度体系、治理能力和治理效果四个维度构建数字政府发展指数的一级指标，并设置二三级指标	2020
	《中国数字政府发展研究报告（2021）》	该指标体系从组织机构、制度体系、治理能力和治理效果等维度构建了 4 个一级指标，12 个二级指标和 65 个三级指标	2021
	《2022 年中国政府网站绩效评估报告》	评估指标包括 9 个方面：信息公开、政策解读、在线服务、互动交流、展现标识、政务新媒体、传播应用、监督管理、优秀创新案例	2022
中央党校	《省级政府和重点城市一体化政务服务能力调查评估报告（2021）》	由在线服务成效度、在线办理成熟度、服务方式完备度、服务事项覆盖度、办事指南准确度 5 个一级指标构成	2021
	《省级政府和重点城市一体化政务服务能力调查评估报告（2022）》	重点围绕服务成效度（"好差评"制度建设）、办理成熟度、方式完备度、事项覆盖度、指南准确度 5 个方面，建立面向用户的评估指标体系，推动政务服务从政府供给导向向群众需求导向转变	2022

续表

机构	名称	指标构成	年份
中国互联网协会	《首届（2019）中国数字政府建设指数报告》	包含"数据体系、政务服务、数字管治、保障体系"4项一级指标及对应的26项二级指标	2019
	"互联网+"数字政务指数《数字中国指数报告2020》	新数字中国指数框架包含数字产业指数、数字政务指数等，数字政务指数（测度各省市政务服务在线化发展水平，包括服务质量、用户规模、满意度等，由微信城市服务和政务类微信在线上政务服务活跃度）号数据计算得出，衡量全国351个城市政务生活指数以及数字文化指数、数字生活指数4项一级指标，由其加权平均所得	2020
	《中国互联网发展报告（2022）》—第22章"2021年中国电子政务发展状况"	包括信息公开、政策解读、在线服务、互动交流、展现现状、监督管理、传播应用、创新案例八个指标	2022
	智慧城市评估指标体系《新型智慧城市评价指标》	按照"以人为本、成效引导、客观规范、注重时效"的原则，规定了面向地级及以上城市的新型智慧城市评价指标权重，共包含9项一级指标，29项二级指标，62项二级指标分项。同时首次针对县及县级市的新型智慧城市建设给出了可参考使用的评价指标	2022
	《政府数据管理能力指数（GDMI）评估指标体系》	指标框架包含总统筹协调指标、资源供给指标、应用开发指标、安全保障指标、质量管控指标、标准管理指标6个一级指标，18个二级指标	2022
工信部中国软件评测中心	《2022年数字政府服务能力评估指标体系》	"管理保障度、平台支撑度、数据能力、服务成熟度、治理精准度、公开透明度、社会满意度以及优秀创新案例"等指标构成，全方位考察各地数字政府建设发展方面的基础保障能力、平台支撑能力、数据资源赋能能力、数字化履职服务能力以及社会满意度情况	2022
	《2021（第三届）数字政府建设风向指数》	用户满意度、服务可达指数、治理运行指数、数据体系指数、保障支撑指数5个一级指标，16项二级指标，39项三级指标	2021
	《2021年数字政府服务能力评估》	包括基础保障度、数据支撑、服务成熟度、治理精准度、社会满意度、创新案例6个一级指标，17个二级指标，45个三级指标	2021

续表

机构	名称	指标构成	年份
中国互联网实验室	《服务性政府电子政务评价体系》	该评价体系主要建立在网站评价指标上，例如内容服务指标、客户关系指标和网站质量指标等。其中每个指标下又设置了不同权重的若干子指标，例如根据服务的广度、深度及速度来设置内容服务指标中的子指标，客户关系指标中设置交互对象、交互手段等多个子指标，网站质量指标中设置设计和内容等子指标	2016
中国信通院	《政务云安全能力要求》	标准适用于能够提供政务云安全规划及建设解决方案的提供商，标准从物理基础设施安全、网络安全、主机安全、容器安全、数据安全、业务部门支撑安全、安全管理中心，安全服务要求8个维度出发，对共计100余项政务云安全关键指标进行全面的安全考察，旨在规范政务云安全解决方案提供方的服务能力和水平，为用户选择合适的安全解决方案提供参考	2022
	IOMM-G 数字政府建设水平和运营效果成熟度标准（"IOMM-G"）	IOMM-G 面向数字政府建设和运营主管单位，通过机制完备化、云智平台化、业技融合化、数据价值化、运营价值化和安全信任化六大能力，明确政府数字化转型的目标，从效益提升、智能敏捷、治理精准、业务创新、安全最优利用户满意六大价值角度出发，为数字政府提供效果验证	2021
	《政务云解决方案能力要求》第1部分：基础设施服务平台	政务云解决方案的能力和成熟度是支撑"互联网+政务服务"的关键因素，政府行业区别于其他行业的管理模式、网络架构和数据共享需求也对解决方案质量提出了更高的要求。该项评估面向政务云解决方案提供方，重点评估厂商在政务云咨询、平台建设、迁移、交付和安全等方面的全栈解决方案能力	2020
	《公有云模式的政务云服务能力要求》	随着政务云的不断发展，部分政府用户将面向公众提供服务的业务部署公有云，从而有效降低政府信息化成本投入，简化运维工作，提升业务支撑的灵活性。本项评估聚焦公有云服务商在 IaaS、PaaS、SaaS 层助政府的资源提供能力、服务运营能力、安全合规性等方面考察	2020

机构	名称	指标构成	年份
中国信通院	《可信政务云评估方法》	面向云服务商的某个政务云平台，作用于政务云建设的事前和事中阶段，可用于政务云建设交付、验收、招投标等工作参考。包括云服务商信息真实性披露、云服务指标完备性和规范性、平台能力评估、安全保障评估四个评估维度	2018
	《政务云综合水平评估方法》第一部分：综合政务云评估	从政策落实、应用成效、平台能力和安全保障四个维度衡量政务云综合水平，评估指标包含政策响应率、部门上云率、民众办事效率提升成效等共计 20 个指标项。根据评估结果，又将政务云综合水平分为基础级、增强级和先进级三个级别	2017
赛迪评估	《2022 中国数字政府应用发展研究报告》	报告梳理了数字政府经济调节、市场监管、社会治理、公共服务、生态保护、政务运行六大类应用场景，从中选取了重点细分领域开展深度分析，并评选出数字政府应用十大优秀实践，以期为各级政府、数字政府建设服务商提供参考	2022
	《2020 中国数字政府建设白皮书》	基础设施建设、安全与保障、数据指数、应用指数、服务指数	2020
	《2019 年中国政府网站绩效评估指标体系》	部委政府网站绩效评估指标体系、地方政府网站绩效评估指标体系包括信息发布、解读回应、办事服务、互动交流、管理保障、功能推广六个一级指标	2019
	《2019 年数字政府服务能力评估指标体系》	包括渠道支撑、功能完备度、服务体验度、综合保障度四个一级指标	2019
	全球数字经济竞争力指数《全球数字经济竞争力发展报告（2017）》	全球数字经济竞争力指数指标体系共有数字基础设施竞争力、数字产业竞争力、数字创新竞争力、数字治理竞争力 4 个一级指标以及 12 个二级指标。该指数的指标体系中竞争力指数强化了治理的作用，在操作层面，选取联合国电子政务调查等统计和调查数据作为来源，考察政府服务、数据开放等水平，在数字治理层面的研究具有一定的前瞻性和完备性	2017

续表

机构	名称	指标构成	年份
腾讯研究院	中国数字经济指数	产业指数、溢出指数、融合指数和基础指数四个一级指标	2020
	《中国数字经济指数（CDEI）》	数字经济产业指数中包括大数据产业、互联网产业、人工智能产业，共3项二级指标；每项二级指标分别有劳动投入、资本投入、创新投入的能力，包括产业指数，共9项三级指标。CDEI主要关注数字经济对整个社会效率提升的能力，溢出指数、融合指数，能够反映当下的市场活力和数、基础设施指数4个部分，具有较强创新性和及时性和重点领域的发展状况	2019
电子政务思想库（IstEG）	数字经济指数（DEI）《中国数字经济发展白皮书（2017）》	初步构筑"四个体系"框架，包括数字经济创新体系、数字经济产业体系、市场体系以及数字经济治理体系	2017
浙江省经济和信息化厅	《浙江省数字经济发展综合评价办法（试行）》	数字民生、数字政府（服务方式完备度、服务事项南覆盖度、办事指南准确度、在线服务成效度、在线服务热度、在线服务成效）	2022
浙江省人民政府	《关于深化数字政府建设的实施意见》	按照"四横四纵"架构，依托一体化智能化公共数据平台，建设数字政府综合应用，集成现有各领域数字化转型成果，聚焦疫情防控等12个方面重大任务形成一批多跨业务协同的应用，推动各领域数字化体系提质增效	2022
国脉研究院	《数字政府2.0总体架构——"五横五纵"》	提出了"五横五纵"的体系框架。关于"五横"，第一个是表现层，即服务应用体系；第二个层面提出应用支撑体系；第三个层面是应用建设；第四层是智能感知体系。关于"五纵"，把数据资源体系作为纵向纵来考虑，标准规范体系贯穿四大体系，分别是安全保障体系、政策制度体系和组织创新体系	2022

181

续表

机构	名称	指标构成	年份
浙江省数字政府建设服务专班	《2022年数字政府系统县（市、区）考评指标》	2022年数字政府系统考评指标体系设两项一级指标，其中工作落实占比80分，工作创新只占到20分	2022
	《2021年数字政府系统县（市、区）考评指标》	2021年数字政府系统考评指标体系设核心业务、应用成果、理论成果、制度成果、扣分情况五项一级指标，11项二级指标	2021
广东省"数字政府"改革建设工作领导小组办公室	《2021广东省数字政府网络安全指数评估报告》	安全管理、安全建设、安全运营、安全效果4个一级指标分别占25%、20%、25%、30%	2021
数都上海	《城市数字化转型评价指标体系》	该指标体系主要是基于城市数字化发展理念，统筹考虑城市数字化水平、综合竞争力、绿色低碳、人文科技等方面的因素综合而成，为进一步提升城市竞争力、促进城市数字化转型提供有益参考	2022
上海市人民政府	《上海市数字经济发展"十四五"规划》	主要指标包括：数字经济核心产业增加值占全市生产总值比重、软件和信息服务业收入、规模以上制造业数字化转型比例、数字贸易额、网络零售额、5G网络用户平均下载速率、新型城域物联感知终端	2022
贵州省人民政府	《贵州省"一云一网一平台"总体架构》①	包括标准规范体系、数据资源体系、安全保障体系、建设与运行管理体系	2020
贵州省技术质量监督局	《政务云政府网站建设规范》	从信息发布、解读回应、办事服务、互动交流、网站建设、网站技术等方面提出要求	2018

续表

机构	名称	指标构成	年份
山东省工业和信息化厅	《山东省区域数字经济发展水平评估报告（2021～2022年）》	围绕新型基础设施、数字产业化、产业数字化、产业数字化发展环境四个维度，全面反映了省内16市数字经济发展的基本情况和趋势特点	2021
山东省人民政府	《山东省数字政府建设实施方案（2019～2022年）》	完善集约化政务云平台。按照集约化建设的原则，在现有"1+N"（1个省级政务云平台，N个市级政务云节点）框架下，优化省市一体化政务服务体系	2019
黑龙江省人民政府	《黑龙江省"十四五"数字政府建设规划》	提出"146N"的数字政府建设思路，是通过实施数字政府建设规划，为黑龙江省优化营商环境，推动高质量发展提供数字政府平台。"1"是指一个数字政府平台，即构建覆盖全省四级政府的一体化数字政府平台。"4"是指四大数字基础支撑底座，一是构建云网基础设施一体化支撑体系。二是构建一体化政务数据体系。三是构建开放的应用化公共支撑体系。"N"是指在上述六大专题领域之外，构建"N"个百花齐放的应用服务场景	2022
辽宁省人民政府	《辽宁省"十四五"数字政府发展规划》	搭建了我省数字政府体系架构。共分为四个架构层，包括基础保障层、资源要素层、应用支撑层和业务应用层	2021
福建省经济信息中心	《福建省数字经济发展指数评价报告（2022年）》	FJDEI指数从数字发展基础、数字技术创新、数字社会应用、数字治理水平和数字经济规模五个方面。福建省数字经济发展指数（简称FJDEI指数）达73.4，数字经济产业发展2.3万亿元，占全省GDP比重超47%	2022
四川省大数据中心	《2021年度四川省网上政务服务能力第三方评估报告》	服务成效度、办理成熟度、基础支撑度、服务方式便利度、日常监测、政府服务创新度	2021
广西大数据研究院	《广西数字经济发展评估指数体系研究》	数字经济总体发展水平、数字化基础能力、数字产业化发展水平、产业数字化发展水平、数字化治理水平、数字经济发展生态六个一级指标维度评价	2020

主要参考文献

［1］保海旭，陶荣根，张晓卉．从数字管理到数字治理：理论、实践与反思［J］．兰州大学学报（社会科学版），2022，50（5）．

［2］鲍静，贾开．数字治理体系和治理能力现代化研究：原则、框架与要素［J］．政治学研究，2019（3）．

［3］布乃青．韩国政府3.0建设及其启示［J］．品牌研究，2019（1）．

［4］陈彪，贺芒．整体性治理的精准指向：突发公共卫生事件治理的一个解释框架［J］．求实，2021（1）．

［5］陈畴镛．韩国数字政府建设及其启示［J］．信息化建设，2018（6）．

［6］陈娟．数字政府建设的内在逻辑与路径构建研究［J］．国外社会科学，2021（2）．

［7］陈艳华，关钰桥，赵吕宇佳．数字政府赋能辽宁法治营商环境优化：实践探索与未来路径选择［J］．辽宁经济，2023（1）．

［8］陈志霞，任兵．面向元宇宙：政府数智领导力的特征、价值及提升［J］．理论探索，2022（6）．

［9］陈子韬，李哲，吴建南．作为组合式创新的数字政府建设——基于上海"一网通办"的案例分析［J］．经济社会体制比较，2022（2）．

［10］初冬梅．俄罗斯数字政府建设进展及启示［J］．欧亚经济，2022（6）．

［11］戴长征，鲍静．数字政府治理——基于社会形态演变进程的考察［J］．中国行政管理，2017（9）．

［12］邓崧，巴松竹玛，李晓昀．府际关系视域下我国数字政府建设创新扩散路径——基于"试验－认可－推广"模型的多案例研究［J］．电子政务，2021（11）．

［13］党生翠．数字身份管理：内涵、意义与未来走向［J］．中国行政管理，2023（1）．

［14］丁冬汉．从"元治理"理论视角构建服务型政府［J］．海南大学学报（人文社会科学版），2010，28（5）．

［15］董晓松，夏寿飞，谌宇娟，田西．基于科学知识图谱的数字经济研究演进、框架与前沿中外比较［J］．科学学与科学技术管理，2020，41（6）．

［16］杜运周，贾良定．组态视角与定性比较分析（QCA）：管理学研究的一条新道路［J］．管理世界，2017（6）．

［17］杜运周，刘秋辰，程建青．什么样的营商环境生态产生城市高创业活跃度？——基于制度组态的分析［J］．管理世界，2020，36（9）．

［18］冯朝睿．高水平数字政府建设的影响因素及推进路径［J］．河北大学学报（哲学社会科学版），2022，47（6）．

［19］高奇琦，隋晓周．元宇宙的政治社会风险及其防治［J］．新疆师范大学学报（哲学社会科学版），2022，43（4）．

［20］高亚楠．电子政务数据安全治理框架研究［J］．信息安全研究，2021，7（10）．

［21］国务院关于加强数字政府建设的指导意见［J］．中华人民共和国国务院公报，2022（19）．

［22］关钰桥，孟韬．数字时代共享经济商业模式合法性获取机制研究——以滴滴出行、哈啰出行和闲鱼为例［J］．财经问题研究，2022（5）．

［23］关钰桥．分享经济企业商业模式及其合法性获取研究［D］．大连：东北财经大学，2020．

［24］广东省人民政府办公厅关于印发广东省数字政府改革建设2022年工作要点的通知［J］．广东省人民政府公报，2022（8）．

［25］广东省人民政府办公厅关于印发广东省数字政府改革建设2021

年工作要点的通知［J］.广东省人民政府公报，2021（12）.

［26］韩晶，陈曦.数字经济赋能绿色发展：内在机制与经验证据［J］.经济社会体制比较，2022（2）.

［27］韩娜娜.中国省级政府网上政务服务能力的生成逻辑及模式——基于31省数据的模糊集定性比较分析［J］.公共行政评论，2019，12（4）.

［28］韩啸，汤志伟.数字政府创造公共价值的驱动因素与作用机制研究［J］.电子政务，2022（2）.

［29］韩兆柱，赵洁.数字政府研究的历程、现状和趋势［J］.学习论坛，2022（1）.

［30］韩兆柱，马文娟.数字治理理论研究综述［J］.甘肃行政学院学报，2016（1）.

［31］何水，郑晓莹.国内政府治理研究热点与趋势可视化分析［J］.行政论坛，2020，27（2）.

［32］何艳玲."公共价值管理"：一个新的公共行政学范式［J］.政治学研究，2009（6）.

［33］何阳.放管服改革视域下政府网上政务服务能力测量及提升策略［J］.西华师范大学学报（哲学社会科学版），2022（1）.

［34］何植民，蔡静.元治理视域下推进共同富裕的理论逻辑与行动框架［J］.行政论坛，2022，29（5）.

［35］胡重明."政府即平台"是可能的吗？——一个协同治理数字化实践的案例研究［J］.治理研究，2020，36（3）.

［36］黄璜.数字政府：政策、特征与概念［J］.治理研究，2020，36（3）.

［37］黄璜.数字政府的概念结构：信息能力、数据流动与知识应用——兼论DIKW模型与IDK原则［J］.学海，2018（4）.

［38］黄建伟，陈玲玲.我国数字治理的历程、特征与成效［J］.国家治理现代化研究，2019（2）.

［39］黄未，陈加友.数字政府建设的内在机理、现实困境与推进策

略［J］. 改革，2022（11）.

［40］江文路，张小劲. 以数字政府突围科层制政府——比较视野下的数字政府建设与演化图景［J］. 经济社会体制比较，2021（6）.

［41］江小涓. 以数字政府建设支撑高水平数字中国建设［J］. 中国行政管理，2020（11）.

［42］蒋敏娟. 迈向数据驱动的政府：大数据时代的首席数据官——内涵、价值与推进策略［J］. 行政管理改革，2022（5）.

［43］金江军. 美国数字政府战略及启示［J］. 信息化建设，2012（8）.

［44］李鑫. "互联网＋政务"背景下电子政务绩效评估体系研究［J］. 商业经济，2015（9）.

［45］李菁. 数字时代乡村治理的实现路径探析——以贵州省为例［J］. 中国管理信息化，2022，25（4）.

［46］李乐成在省营商局（大数据管理局）调研时强调以改革创新精神推动营商环境建设见到新气象［J］. 民心，2021（12）.

［47］林梦瑶，李重照，黄璜. 英国数字政府：战略、工具与治理结构［J］. 电子政务，2019（8）.

［48］刘冰. "跨省通办"中数据共享的新挑战及协同治理策略［J］. 电子政务，2022（2）.

［49］刘成. 迈向虚实融合时代的元宇宙治理：内涵、向度、风险与进路［J］. 电子政务，2023（7）.

［50］刘凯强. "国家治理体系和治理能力现代化"研究的现状、热点与趋势——基于 CiteSpace 的可视化知识图谱分析［J］. 重庆理工大学学报（社会科学），2023，37（5）.

［51］刘淑春. 数字政府战略意蕴、技术构架与路径设计——基于浙江改革的实践与探索［J］. 中国行政管理，2018（9）.

［52］刘学涛. 数字经济视野下数字政府发展与实践图景［J］. 南海法学，2022，6（2）.

［53］刘银喜，赵淼. 公共价值创造：数字政府治理研究新视角——

理论框架与路径选择 [J]. 社会科学文摘, 2022 (7).

[54] 刘叶婷, 唐斯斯. 大数据对政府治理的影响及挑战 [J]. 电子政务, 2014 (6).

[55] 吕璐, 陈翔. 部分国家数字政府建设实践及对我国的启示 [J]. 中国统计, 2022 (3).

[56] 吕佩, 邓卫华, 李鑫. 价值共创视角下的政策学习及其影响研究 [J]. 公共管理学报, 2022, 19 (2).

[57] 马翩宇. 英国推进数字政府建设 [N]. 经济日报, 2021 – 09 – 22 (004).

[58] 孟庆国, 林彤, 乔元波, 王理达. 中国地方政府大数据管理机构建设与演变——基于第八次机构改革的对比分析 [J]. 电子政务, 2020 (10).

[59] 孟庆国, 严妍, 赵国栋.《政务元宇宙》[M]. 北京: 中译出版社, 2022.

[60] 孟韬, 关钰桥, 董政, 王维. 共享经济平台用户价值独创机制研究——以 Airbnb 与闲鱼为例 [J]. 科学学与科学技术管理, 2020, 41 (8).

[61] 孟韬, 关钰桥, 董政. 共享经济商业模式分类及其发展路径研究 [J]. 财经问题研究, 2020 (12).

[62] 孟天广, 张小劲. 中国数字政府发展研究报告 (2021) [M]. 北京: 经济科学出版社, 2021.

[63] 孟天广. 数字治理生态: 数字政府的理论迭代与模型演化 [J]. 政治学研究, 2022 (5).

[64] 孟天广. 政府数字化转型的要素、机制与路径———兼论"技术赋能"与"技术赋权"的双向驱动 [J]. 治理研究, 2021, 37 (1).

[65] 倪建伟, 杨璐嘉. 数字政府发展国际经验比较及其对中国的启示 [J]. 经济体制改革, 2022 (6).

[66] 宁琪, 谭家超. 数字政府建设的地方实践与完善策略 [J]. 改革, 2023 (1).

［67］彭小兵，彭洋.地方政府数字化转型创新扩散中的跟进应对与竞争策略——基于黔、鄂、渝、辽四地政务服务改革的探索性分析［J］.电子政务，2023（3）.

［68］戚聿东，肖旭.数字经济时代的企业管理变革［J］.管理世界，2020，36（6）.

［69］祁志伟.中国数字政府建设历程、实践逻辑与历史经验［J］.深圳大学学报（人文社会科学版），2022，39（2）.

［70］阙天舒，吕俊延.智能时代下技术革新与政府治理的范式变革——计算式治理的效度与限度［J］.中国行政管理，2021（2）.

［71］任兵，陈志霞，胡小梅.时空再造与价值重构：面向未来数智治理的元宇宙［J］.电子政务，2022（7）.

［72］沈费伟，诸靖文.大数据时代的智慧政府治理：优势价值、治理限度与优化路径［J］.电子政务，2019（10）.

［73］沈费伟，诸靖文.数据赋能：数字政府治理的运作机理与创新路径［J］.政治学研究，2021（1）.

［74］沈永东，毕荟蓉.数字治理平台提升政社共治有效性的多元机制：以"社会治理云"与"微嘉园"为研究对象［J］.经济社会体制比较，2021（6）.

［75］苏敬勤，单国栋.本土企业的主导逻辑初探：博弈式差异化——基于装备制造业的探索性案例研究［J］.管理评论，2017，29（2）.

［76］孙璐璐.英国政府数字化转型及其对我国的启示［D］.济南：山东师范大学，2020.

［77］孙新波，张媛，王永霞，孙浩博.数字价值创造：研究框架与展望［J］.外国经济与管理，2021，43（10）.

［78］上海市人民政府办公厅关于印发《2023年上海市全面深化"一网通办"改革工作要点》的通知［J］.上海市人民政府公报，2023（7）.

［79］山东省人民政府办公厅关于印发数字山东2021行动方案的通知［J］.山东省人民政府公报，2021（11）.

［80］山东省人大财政经济委员会关于全省数字强省建设情况的调研

报告［J］．山东省人民代表大会常务委员会公报，2022（5）．

［81］谭海波，范梓腾，杜运周．技术管理能力、注意力分配与地方政府网站建设——一项基于 TOE 框架的组态分析［J］．管理世界，2019，35（9）．

［82］檀春耕．建设数字政府的人才策略：美国的实践与启示［J］．领导科学，2023（3）．

［83］唐斯斯，张延强，单志广等．我国新型智慧城市发展现状、形势与政策建议［J］．电子政务，2020（4）．

［84］佟德志，林锦涛．协同治理的研究主题与前沿热点——基于 CSSCI 文献的知识图谱可视化分析［J］．社会科学战线，2020（4）．

［85］王岑岚，尤建新．大数据文献评述：基于软件 CiteSpace 的可视化研究［J］．科技管理研究，2017，37（21）．

［86］王晨．基于公共价值的城市数字治理：理论阐释与实践路径［J］．理论学刊，2022（4）．

［87］王芳，张璐阳．中国政务微信的功能定位及公众利用情况调查研究［J］．电子政务，2014（10）．

［88］王海明．数智时代的正义：复杂性及其当代旨归［J］．浙江社会科学，2022（1）．

［89］王洛忠，闫倩倩，陈宇．数字治理研究十五年：从概念体系到治理实践——基于 CiteSpace 的可视化分析［J］．电子政务，2018（4）．

［90］王孟嘉．数字政府建设的价值、困境与出路［J］．改革，2021（4）．

［91］王猛．政府 3.0 与治理变革：韩国的经验及其对中国的启示［J］．云南社会科学，2016（4）．

［92］王谦，曾瑞雪．社会技术系统框架下"数字政府"风险分析及治理［J］．西南民族大学学报（人文社科版），2020，41（5）．

［93］王钦敏．统筹协调共建共享推进数字政府信息化系统建设［J］．中国行政管理，2020（11）．

［94］王水莲，李志刚，杜莹莹．共享经济平台价值创造过程模型研

究——以滴滴、爱彼迎和抖音为例［J］.管理评论，2019，31（7）.

［95］王伟军，孙晶.Web2.0的研究与应用综述［J］.情报科学，2007（12）.

［96］王伟玲.加快实施数字政府战略：现实困境与破解路径［J］.电子政务，2019（12）.

［97］王伟玲.中国数字政府绩效评估：理论与实践［J］.电子政务，2022（4）.

［98］王炜，蔡羽茜.技术驱动、人才赋能与需求导向：中国数字政府建设的三个关键维度——基于电子政务发展指数的分析［J］.行政论坛，2022，29（6）.

［99］王学军，陈友倩.数字政府治理绩效生成路径：公共价值视角下的定性比较分析［J］.电子政务，2021（8）.

［100］王学军，王子琦.政民互动、公共价值与政府绩效改进——基于北上广政务微博的实证分析［J］.公共管理学报，2017，14（3）.

［101］王学军，张弘.公共价值的研究路径与前沿问题［J］.公共管理学报，2013，10（2）.

［102］王益民.全面开创数字政府建设新局面［J］.中国党政干部论坛，2022（9）.

［103］王益民.数字政府整体架构与评估体系［J］.中国领导科学，2020（1）.

［104］王玥，郑磊.中国政务微信研究：特性、内容与互动［J］.电子政务，2014（1）.

［105］王张华.基于人工智能的政府治理模式变革研究［D］.湘潭：湘潭大学，2020.

［106］魏开宏，苏媛.国外元宇宙研究述论：热点、堵点与愿景［J］.新疆师范大学学报（哲学社会科学版），2022，43（5）.

［107］吴春.基于整体性治理理论的"放管服"改革路径优化［J］.东岳论丛，2020，41（10）.

［108］吴磊.需求锚定、结构赋能与平台耦合：数字政府建设的实践

逻辑［D］．长春：吉林大学，2022．

［109］吴克昌，唐煜金．边界重塑：数字赋能政府部门协同的内在机理［J］．电子政务，2023（2）．

［110］吴琦，任大明，杨敏婕．常态化疫情防控下我国数字政府建设进展及展望［J］．中国国情国力，2021（12）．

［111］吴韬．我国数字政府与数字治理的理论研究和实践探索［J］．云南社会主义学院学报，2021，23（3）．

［112］谢新水．作为"人造物"的元宇宙：建构动力、弱公共性及增强策略［J］．电子政务，2022（5）．

［113］辛璐璐．国际数字政府建设的实践经验及中国的战略选择［J］．经济体制改革，2021（6）．

［114］熊节春，陶学荣．公共事务管理中政府"元治理"的内涵及其启示［J］．江西社会科学，2011，31（8）．

［115］徐国冲，吴筱薇．"数字丹麦"建设：战略、特点与启示［J］．学习论坛，2021（2）．

［116］徐梦周，吕铁．赋能数字经济发展的数字政府建设：内在逻辑与创新路径［J］．学习与探索，2020（3）．

［117］徐晓林，明承瀚，陈涛．数字政府环境下政务服务数据共享研究［J］．行政论坛，2018，25（1）．

［118］徐玉德，董木欣．数字政务建设整体性治理模式、架构分析与路径选择［J］．财会月刊，2021（16）．

［119］严子淳，李欣，王伟楠．数字化转型研究：演化和未来展望［J］．科研管理，2021，42（4）．

［120］杨达，林丽．"绿色联动"：日本数字政府转型的战略透视［J］．中国行政管理，2021（11）．

［121］杨鹏飞，罗奇伟，李尧．数字政府网络安全指数评估体系研究［J］．信息安全研究，2021，7（3）．

［122］杨巧云，梁诗露，杨丹．国外政府数字化转型政策比较研究［J］．情报杂志，2021，40（10）．

［123］杨学成，涂科．出行共享中的用户价值共创机理——基于优步的案例研究［J］．管理世界，2017（8）．

［124］姚水琼，齐胤植．美国数字政府建设的实践研究与经验借鉴［J］．治理研究，2019，35（6）．

［125］叶战备，王璐，田昊．政府职责体系建设视角中的数字政府和数据治理［J］．中国行政管理，2018（7）．

［126］于君博，戴鹏飞．中国地方政府数字治理的"过程"与"组织"［J］．公共管理学报，2023，20（1）．

［127］于君博．后真相时代与数字政府治理的祛魅［J］．行政论坛，2018，25（3）．

［128］于水，查荣林，帖明．元治理视域下政府治道逻辑与治理能力提升［J］．江苏社会科学，2014（4）．

［129］郁建兴，樊靓．数字技术赋能社会治理及其限度——以杭州城市大脑为分析对象［J］．经济社会体制比较，2022（1）．

［130］翟云．整体政府视角下政府治理模式变革研究——以浙、粤、苏、沪等省级"互联网＋政务服务"为例［J］．电子政务，2019（10）．

［131］詹国彬．英国数字政府转型：价值理念、技术工具与制度保障［J］．行政论坛，2021，28（6）．

［132］张成福．信息时代政府治理：理解电子化政府的实质意涵［J］．中国行政管理，2003（1）．

［133］张李源清．广东省一体化政务服务能力继续保持全国领先［N］．中国经济时报，2022－09－13（3）．

［134］张丽，陈宇．基于公共价值的数字政府绩效评估：理论综述与概念框架［J］．电子政务，2021（7）．

［135］张茂聪，董倩．元治理视域下校外培训市场治理的政府责任研究［J］．经济与管理评论，2022，38（6）．

［136］张平，隋永强．一核多元：元治理视域下的中国城市社区治理主体结构［J］．江苏行政学院学报，2015（5）．

［137］张锐昕．电子政府与电子政务［M］．北京：中国人民大学出

版社，2011.

[138] 张锐昕. 中国数字政府的核心议题与价值评析 [J]. 理论与改革，2022 (6).

[139] 章志远，赖楚琳. 法治一体建设视域中的行政许可告知承诺制 [J]. 法治现代化研究，2023，7 (2).

[140] 章晓英，苗伟山. 互联网治理：概念、演变及建构 [J]. 新闻与传播研究，2015，22 (9).

[141] 赵红梅，王文华. 数字营商环境评价指标体系构建与实证测评 [J]. 统计与决策，2022，38 (23).

[142] 赵金旭，赵娟，孟天广. 数字政府发展的理论框架与评估体系研究——基于 31 个省级行政单位和 101 个大中城市的实证分析 [J]. 中国行政管理，2022 (6).

[143] 赵娟，孟天广. 数字政府的纵向治理逻辑：分层体系与协同治理 [J]. 学海，2021 (2).

[144] 郑磊，高丰. 中国开放政府数据平台研究：框架、现状与建议 [J]. 电子政务，2015 (7).

[145] 郑磊，郑扬洋. 元宇宙经济的非共识 [J]. 产业经济评论，2022 (1).

[146] 郑磊. 开放政府数据研究：概念辨析、关键因素及其互动关系 [J]. 中国行政管理，2015 (11).

[147] "中国城市营商环境评价研究"课题组，李志军，张世国，牛志伟，袁文融，刘琪. 中国城市营商环境评价的理论逻辑、比较分析及对策建议 [J]. 管理世界，2021，37 (5).

[148] 中共中央、国务院印发《数字中国建设整体布局规划》[N]. 人民日报，2023-02-28 (1).

[149] 周济南. 数字技术赋能城市社区合作治理：逻辑、困境及纾解路径 [J]. 理论月刊，2021 (11).

[150] 周维栋. 元宇宙时代的数字公民身份：认同困境、实践逻辑与理论证成 [J]. 电子政务，2022 (10).

［151］周文彰. 数字政府和国家治理现代化［J］. 行政管理改革，2020（2）.

［152］竺乾威. 从新公共管理到整体性治理［J］. 中国行政管理，2008（10）.

［153］卓越. 公共部门绩效评估的主体建构［J］. 中国行政管理，2004（5）.

［154］Adjei – Bamfo P，Maloreh – Nyamekye T，Ahenkan A. The Role of E – government in Sustainable Public Procurement in Developing Countries：A Systematic Literature Review［J］. Resources，Conservation and Recycling，2019，142.

［155］Al Mansoori K A，Sarabdeen J，Tchantchane A L. Investigating Emirati Citizens' Adoption of E – government Services in Abu Dhabi Using Modified UTAUT Model［J］. Information Technology & People，2018，31（2）.

［156］Allam Z，Sharifi A，Bibri S E，et al. The Metaverse as a Virtual Form of Smart Cities：Opportunities and Challenges for Environmental，Economic，and Social Sustainability in Urban Futures［J］. Smart Cities，2022，5（3）.

［157］Arayankalam J，Khan A，Krishnan S. How to Deal with Corruption? Examining the Roles of E – government Maturity，Government Administrative Effectiveness，and Virtual Social Networks Diffusion［J］. International Journal of Information Management，2021，58.

［158］Asogwa B E. Electronic Government as a Paradigm Shift for Efficient Public Services：Opportunities and Challenges for Nigerian Government［J］. Library Hi Tech，2013，31（1）.

［159］Bannister F，Connolly R. ICT，public values and transformative government：A framework and programme for research［J］. Government information quarterly，2014，31（1）.

［160］Basu S. E – government and Developing Countries：An Overview［J］. International Review of Law，Computers & Technology，2004，18（1）.

［161］ Bertot J C, Jaeger P T, & Grimes J M. Using IctsTo Create A Culture Of Transparency: E－Government And Social Media As Openness And Anti－Corruption Tools For Societies. Government Information Quarterly, 2010, 27 （3）.

［162］ Bonsón E, Torres L, Royo S & Flores F. Local E－Government 2.0: Social Media And Corporate Transparency In Municipalities. Government Information Quarterly, 2012, 29 （2）.

［163］ Bélanger F, Carter L. Trust And Risk In E－Government Adoption. The Journal Of Strategic Information Systems, 2008, 17 （2）.

［164］ Carter L & Bélanger F. The Utilization Of E－Government Services: Citizen Trust, Innovation And Acceptance Factors. Information Systems Journal, 2005, 15 （1）.

［165］ Chen, C. CiteSpace II: Detecting and Visualizing Emerging Trends and Transient Patterns in Scientific Literature ［J］. JASIST, 2006, 57 （3）.

［166］ Dawes S S. Governance in the Digital Age: A Research and Action Framework for an Uncertain Future ［J］. Government Information Quarterly, 2009, 26 （2）.

［167］ Doty P, Erdelez S. Information Micro-practices in Texas Rural Courts: Methods and Issues for E－government ［J］. Government Information Quarterly, 2002, 19 （4）.

［168］ Dunleavy P, Margetts H, Bastow S, et al. New public management is dead—long live digital-era governance ［J］. Journal of public administration research and theory, 2006, 16 （3）.

［169］ Dwivedi Y K, Rana N P, Janssen M, et al. An Empirical Validation of a Unified Model of Electronic Government Adoption （UMEGA） ［J］. Government Information Quarterly, 2017, 34 （2）.

［170］ Dwivedi Y K, Williams M D. Demographic influence on UK citizens' e-government adoption ［J］. Electronic Government, an International Journal, 2008, 5 （3）.

［171］ Egliston B, Carter M. Critical Questions for Facebook's Virtual Reality: Data, Power and the Metaverse [J]. Internet Policy Review, 2021, 10 (4).

[172] Eisenhardt K M, Graebner M E. Theory Building From Cases: Opportunities and Challenges [J]. Academy of Management Journal, 2007, 50 (1).

[173] Eisenhardt K M. Building Theories from Case Study Research [J]. Academy of Management Review, 1989, 14 (4).

[174] Gartner A, Milstein S, Ahmed S, et al. A conserved checkpoint pathway mediates DNA damage-induced apoptosis and cell cycle arrest in C. elegans [J]. Molecular cell, 2000, 5 (3).

[175] Gil – Garcia J R, Dawes S S, Pardo TA. Digital Government and Public Management Research: Finding the Crossroads [J]. Public Management Review, 2018, 20 (5).

[176] Gioia D A, Corley K G, Hamilton A L. Seeking Qualitative Rigor in Inductive Research: Notes on the Gioia Methodology [J]. Organizational Research Methods, 2013, 16 (1).

[177] Glaser B G, Strauss A L. The Discovery of Grounded Theory: Strategies for Qualitative Research. Piscataway [M]. NY: Transaction Publishing, 2008.

[178] Grönroos, C., & Voima, P.. Critical Service Logic: Making Sense of Value Creation and Co – Creation. Journal of the Academy of Marketing Science, 2013 (41).

[179] Heinonen K, Strandvik T, Jacob Mickelsson K, Edvardsson B, et al. A customer-dominant logic of service [J]. Journal of Service Management, 2020, 21 (4).

[180] Ho S H, Ko Y Y. Effects of Self – Service Technology on Customer Value and Customer Readiness: The Case of Internet Banking [J]. Internet Research, 2008, 18 (4).

[181] Horst M, Kuttschreuter M, Gutteling J M. Perceived Usefulness,

Personal Experiences, Risk Perception and Trust as Determinants of Adoption of E – government Services in The Netherlands [J]. Computers in Human Behavior, 2007, 23 (4).

[182] Janssen M, Rana N P, Slade E L, et al. Trustworthiness of Digital Government Services: Deriving a Comprehensive Theory through Interpretive Structural Modelling [J]. Public Management Review, 2018, 20 (5).

[183] Jessop B. Governance and Meta-governance: on Reflexivity, Requisite Variety and Requisite Irony [M]. Bang HP. Governance as Social and Political Communication. Manchester: Manchester University Press, 2003.

[184] Johnson A G, Neuhofer B. Airbnb: An exploration of value co-creation experiences in Jamaica [J]. International Journal of Contemporary Hospitality Management, 2017, 29 (9).

[185] Katsonis M, Botros A. Digital Government: A Primer and Professional Perspectives [J]. Australian Journal of Public Administration, 2015, 74 (1).

[186] Kearns I. Public value and e-government [M]. London: Institute for Public Policy Research, 2004.

[187] Kristina H, Tore S, Paivi V. Customer Dominant Value Formation in Service [J]. European Business Review, 2013, 25 (2).

[188] Larsson H, Grönlund Å. Future-oriented eGovernance: The sustainability concept in eGov research, and ways forward [J]. Government Information Quarterly, 2014, 31 (1).

[189] Lee Y C. An empirical investigation into factors influencing the adoption of an e-learning system [J]. Online information review, 2006, 30 (5).

[190] Li Y, Shang H. Service Quality, Perceived Value, and Citizens' Continuous – Use Intention Regarding E – government: Empirical Evidence from China [J]. Information & Management, 2020, 57 (3).

[191] Linders D. From E – Government To We – Government: Defining A Typology For Citizen Coproduction In The Age Of Social Media. Government In-

formation Quarterly, 2012, 29 (4).

［192］Malin H N, Tomas B. Co-creation as a Strategy for Program Management ［J］. International Journal of Managing Projects in Business, 2015, 8 (1).

［193］Malodia S, Dhir A, Mishra M, et al. Future of E – government: An Integrated Conceptual Framework ［J］. Technological Forecasting and Social Change, 2021, 173.

［194］Miles, M. B. , Huberman, A. M. Qualitative Data Analysis: An Expanded Sourcebook ［M］. Thousand Oak, CA: Sage Publications, 1994.

［195］Moon M J. The evolution of e-government among municipalities: rhetoric or reality? ［J］. Public administration review, 2002, 62 (4).

［196］Nations U. E – government for the Future We Want ［J］. United Nations E – Government Survey 2014, 2014.

［197］Ndou V. E – government for developing countries: Opportunities and challenges ［J］. Electron. J. Inf. Syst. Dev. Ctries. , 2004, 18 (1).

［198］Osei – Kojo A. E – government and public service quality in Ghana ［J］. Journal of Public Affairs, 2017, 17 (3).

［199］O'Flynn J. From new public management to public value: Paradigmatic change and managerial implications ［J］. Australian Journal of Public Administration, 2007, 66 (3).

［200］Patrick Dunleavy. New Public Managementis ［J］. Public Administration Research and Theory, 2006, 16 (3).

［201］Prahalad C K, Ramaswamy V. Co – Creation Experiences: The Next Practice in Value Creation ［J］. Journal of Interactive Marketing, 2004, 18 (3).

［202］Pérez – Morote R, Pontones – Rosa C, Núñez – Chicharro M. The Effects of E – government Evaluation, Trust and the Digital Divide in the Levels of E – government Use in European Countries ［J］. Technological Forecasting and Social Change, 2020, 154.

［203］Scholta H, Mertens W, Kowalkiewicz M, et al. From One-stop Shop to No-stop Shop: An E – government Stage Model ［J］. Government Information Quarterly, 2019, 36 (1).

［204］Shareef M A, Kumar V, Kumar U, et al. e – Government Adoption Model (GAM): Differing service maturity levels ［J］. Government information quarterly, 2011, 28 (1).

［205］Strauss A, Corbin J. Basics of Qualitative Research, 3rd edn ［M］. Thousand Oaks, CA: Sage. 2007.

［206］Tolbert C J, Mossberger K. The Effects of E – government on Trust and Confidence in Government ［J］. Public Administration Review, 2006, 66 (3).

［207］Twizeyimana J D, Andersson A. The Public Value of E – Government – A Literature Review ［J］. Government Information Quarterly, 2019, 36 (2).

［208］Venkatesh V, Sykes T A, Venkatraman S. Understanding e – Government Portal Use in Rural India: Role of Demographic and Personality Characteristics ［J］. Information Systems Journal, 2014, 24 (3).

［209］Watthananon J, Mingknwan A. Optimizing knowledge management using knowledge map ［J］. Procedia Engineering, 2012, 32 (2).

［210］Weerakkody V, El – Haddadeh R, Sivarajah U, et al. A Case Analysis of E – government Service Delivery through a Service Chain Dimension ［J］. International Journal of Information Management, 2019, 47.

［211］Welch E W, Hinnant C C, & Moon M J. Linking Citizen Satisfaction With E – Government And Trust In Government. Journal Of Public Administration Research And Theory, 2005, 15 (3).

［212］West D M. E – government and the Transformation of Service Delivery and Citizen Attitudes ［J］. Public Administration Review, 2004, 64 (1).

［213］Whitehead M. "In the shadow of hierarchy": meta-governance, policy reform and urban regeneration in the West Midlands ［J］. Area, 2003,

35（1）.

［214］Wirtz B W, Daiser P. A Meta-analysis of Empirical E – government Research and its Future Research Implications ［J］. International Review of Administrative Sciences, 2018, 84（1）.

［215］Yin R K. Case Study Research: Design and Methods ［M］. 4th edn. Thousand Oaks, CA: Sage, 2009.

［216］Zhang M, Zhao X, Voss C, Zhu G. Innovating through Services, Co-creation and Supplier Integration: Cases from China ［J］. International Journal of Production Economics, 2016, 171（2）.

图书在版编目（CIP）数据

数字政府治理模式创新与比较研究/关钰桥著．－－
北京：经济科学出版社，2024.9
（辽宁大学亚澳商学院高质量发展系列丛书．科学研
究系列） ISBN 978 - 7 - 5218 - 5777 - 1

Ⅰ.①数… Ⅱ.①关… Ⅲ.①电子政务 - 研究 - 中国
Ⅳ.①D63 - 39

中国国家版本馆 CIP 数据核字（2024）第 067716 号

责任编辑：于 源 陈 晨
责任校对：刘 昕
责任印制：范 艳

数字政府治理模式创新与比较研究
SHUZI ZHENGFU ZHILI MOSHI CHUANGXIN YU BIJIAO YANJIU
关钰桥 著
经济科学出版社出版、发行 新华书店经销
社址：北京市海淀区阜成路甲 28 号 邮编：100142
总编部电话：010 - 88191217 发行部电话：010 - 88191522
网址：www. esp. com. cn
电子邮箱：esp@ esp. com. cn
天猫网店：经济科学出版社旗舰店
网址：http://jjkxcbs. tmall. com
北京季蜂印刷有限公司印装
710×1000 16 开 13 印张 200000 字
2024 年 9 月第 1 版 2024 年 9 月第 1 次印刷
ISBN 978 - 7 - 5218 - 5777 - 1 定价：58.00 元
（图书出现印装问题，本社负责调换。电话：010 - 88191545）
（版权所有 侵权必究 打击盗版 举报热线：010 - 88191661
QQ：2242791300 营销中心电话：010 - 88191537
电子邮箱：dbts@ esp. com. cn）